ATEM
KÖRPER
BEWUSSTSEIN

Alle Leser:Innen des Buches spreche ich in persönlicher Du-Form an.
Dabei verwende ich aus Zeitgründen die herkömmliche allgemeine mas-
kuline Sprachgrammatik. Dennoch sind alle Geschlechter gemeint.

Layout und Gestaltung: Bernd Trusheim

Fotos / Bildnachweise S. 184

Bibliografische Information der Deutschen Nationalbibliothek:
Die Deutsche Nationalbibliothek verzeichnet diese Publikation in
der Deutschen Nationalbibliografie; detaillierte bibliografische
Daten sind im Internet über http://dnb.dnb.de abrufbar.

© 2023 Bernd Trusheim Überarbeitete Auflage
1. Auflage 2016
www.berndtrusheim.de   www.atemtrainer.de

Herstellung und Verlag:
BoD – Books on Demand, Norderstedt, Deutschland

ISBN: 9783756851584

Bernd Trusheim

ATEM
KÖRPER
BEWUSSTSEIN

Fachbuch und Ratgeber

Inhalt

Die Mitte ist unser Bauch

Atem und Background – Rückgrat gewinnen 116

Im Hier und Jetzt sein

Atem ist Bewegung – vom Lauf des Lebens

Teil III   Anhang

Atem Körper Bewusstsein

Du hst nur diesen einen Körper in diesem Leben. Er ist dein Schiff durch dieses Leben. Und darin enthalten sind alle deine Sinne. Diese Sinne haben sich seit unzähligen Jahrtausenden der Evolution zum Überleben in deinem Steinzeitkörper immer weiter ausgebildet. Sinneswahrnehmungen machen dein Erleben erst bewusst, sie ankern Sie im „Hier und Jetzt". Sinne sind analog und können nur analog trainiert werden. Doch werden diese Sinne in einer zunehmend digitalisierten Welt noch wirklich gebraucht oder verkümmern sie in dramatischer Weise? Und was bedeutet dies für die eigene Gesundheit und die Bewältigung der Herausforderungen in einer sich rapide verändernden Welt? Schärfe deine Sinne. Werde wacher. Dazu brauchst du eine Bewusstheit, eine tiefe Impulswahrnehmung für das, was deiner Seele und deinem Körper gut tut. Um ein Körperbewusstsein zu entwickeln, fange doch gleich bei der allerwichtigsten Lebensfunktion an: Bewusster zu atmen. Atme wieder auf, atme wieder durch! Mach deinem Herzen Luft! Die Atmung ist nicht nur die zentrale Lebensfunktion des Menschen, sondern innerlich auch die größte Organfunktion. Es gibt keine andere Organfunktion, die gleichzeitig so eng mit körperlichen, emotionalen und mentalen Prozessen vernetzt ist, wie die Atmung! Deshalb bildet sie in allen körperlichen, mentalen und seelischen Therapien und Coachings eine zentrale Schlüsselrolle!

Neben den Grundlagen über die Atmung in Teil 1 des Buches und einer ersten Praxis bewusster zu atmen, erfährst du in Teil 2, wie du durch bewusstes Atmen im Alltag zu mehr Achtsamkeit, Ruhe und Gelassenheit finden, wichtige „existentielle" Körperkompetenzen entwickeln, deine Körpersprache und dein Bewusstsein entscheidend erweitern kannst. Auch zur Heilungsunterstützung von Störungen und Krankheiten ist die bewusste Atmung von unschätzbarem Wert. Gleichzeitig ist sie der Schlüssel zu einem Erfahrungswissen und Erfahrungsspeicher, zur Intuition und zu Instinkten, die weit über das kleine logische Denken hinausgehen, aber für das Leben und Überleben sowie für wichtige Entscheidungen von großer Bedeutung sind. Hierüber findest du im BEAP, dem bewusstseinserweiternden Atemprozess, eine erste Einführung und Anregung.

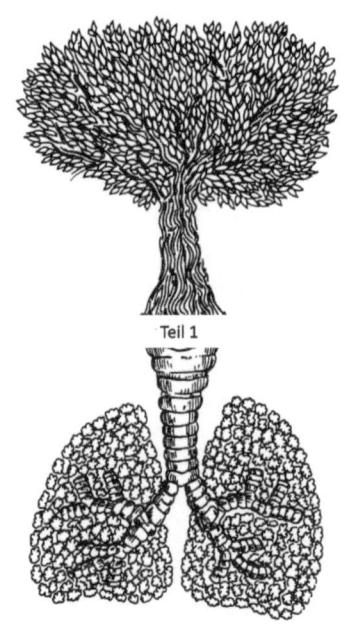

Teil 1

Bewusst atmen ist wie ein neues Leben gewinnen

Das Leben atmen

Atem ist Leben. Je erfüllter du das Leben lebst, desto intensiver atmest du. Kennst du das Gefühl, nicht mehr richtig zu leben, nicht mehr am Leben teilzunehmen? Wenn Probleme, Krankheit, Ereignisse und Herausforderungen dich zu erdrücken scheinen? Wir alle gelangen früher oder später einmal in solche Situationen, die von uns mehr abverlangen, als wir uns je vorstellen können. Wir ringen nach Luft, Licht, Freiheit, Lösungen. Dieser Zustand ist für uns emotional unerträglich. Wir suchen und kämpfen, verkrampfen uns in Gedanken und Körper. Und wir müssen durch dieses Schlachtfeld hindurchgehen, durch diesen Tunnel wandern, auch wenn noch kein Licht am Ende zu sehen ist. Das ist erschütternd und tragisch, aber menschlich. In einer solchen Phase sind wir in Atem gehalten, atmen kaum mehr richtig ein und aus, ja manchmal fast atemlos, immer in Furcht und Anspannung, was noch Schlimmeres folgen könnte. Aufatmen ist ein Fremdwort geworden. Wenn wir dennoch darin bewusst sind und bleiben, nicht vollkommen von Psychopharmaka, Alkohol und Drogen abhängig sind, wird der Kampf irgendwann enden und wir werden andere Lösungen und Türen finden, die uns wieder in die Balance und Wesenskraft zurückbringen. Ein Weg ist der Atem.

Bewusst zu atmen ist der direkte Weg, sich im Hier und Jetzt zu verankern

Unterbreche für einen Moment das Lesen und Denken. Jetzt. Tue es jetzt, um auf einer tieferen Ebene zu verstehen, was ich meine.

Setzen dich aufrecht mit dem Po an den Stuhlrand. Schließe die Augen. Atme durch die Nase ganz bewusst ein und durch die geschlossenen Lippen auf einem weichen „bfffff" sanft und lange aus. Fünf Atemzüge lang. Anschließend rekel, dehn und strecke dich ausgiebig in den Raum hinein. Spürst du jetzt die körperlichen Veränderungen? Und das mit einer solchen minimalen Übung!

Was hast du getan? Du bist für einen kleinen Moment in die Gegenwart gedriftet, ins Hier und Jetzt! Du hast die Routine deiner Gedanken und körperlichen Verfestigung für einen kleinen Moment gesprengt. du bist ins Tun gekommen. Jetzt! Nicht in die Gedanken, sondern in deinen Körper und in deine Atmung. Jetzt. Und in dem Augenblick nach dem Dehnen und Rekeln musstest plötzlich tiefer durchatmen. In diesem unmittelbaren Moment fühltest du dich lebendiger. Einen Anker ins Jetzt setzen: Den Körper wahrnehmen. Wenn wir es nicht hin und wieder tun, bleiben wir nur in unserer Gedankenwelt stecken, sind aber nicht wirklich hier präsent. Die Gedanken kreisen ununterbrochen in der Vergangenheit oder in der Zukunft, in Erinnerungen, in Interpretationen oder Spekulationen – sie wollen dauernd etwas anderes, sofortige Lösungen und kein Warten. Um in eine Gedankenordnung, eine Gedankenruhe oder in ein wirklich freies Fließen der Gedanken zu finden, brauchen wir als Ausgleich die Verankerung im Körper, die Erspürung des Körpers. Wenn du in jeder Stunde für nur ein bis zwei Minuten den Alltagstrott und die Routine unterbrichst, insbesondere das ständige Denken, wirst du eine vollkommen neue Lebensqualität entdecken. Du wirst automatisch präsenter, klarer. Dies ist insbesondere für Problemlösungsprozesse absolut notwendig und sehr erfolgreich – die Gedanken zur Ruhe kommen zu lassen. Dann wird das, was zwischen den Worten ist, spürbar: das Leerzeichen, die Leere, die Pause. Es ist das Weiß auf diesem Blatt oder Bildschirm. Der Hintergrund. Vielleicht würden das einige Leute als das Nichts bezeichnen. Viele Menschen haben Angst vor der Stille, der Leere. Aber sie ist der Urgrund für jegliches Leben, für Inspiration, Ideen und neue Schöpferkraft. Jeder weiß, wie wichtig der Schlaf nachts für uns ist. Würdest du gar nicht mehr schlafen, würdest du schwere Nerven- und Kreislaufschäden bekommen und innerhalb weniger Tage sterben. Du bist ständig eingebunden in Einatem, Ausatem und auch in Atempausen. Es ist diese Polarität, die dir Leben ja erst begreifbar und damit bewusst werden lässt. Je einseitiger du jedoch an einem Pol des Lebens festhältst, desto mehr verkrampfst du in Gedanken und Körper. Das ist der pure Stress. Du kannst nicht nur einatmen. Du mußt auch ausatmen. Das ist Gesetz. Laß darum den anderen Pol schneller, öfter und wirksamer in dein Leben hinein. Damit du dich „ganz" fühlst! Für einige Momente, mehr Momente und vielleicht noch mehr Momente. Es bleiben Momente. Du kannst diese Momente nicht konservieren und festhalten. Sie werden Sie wieder verlieren. Auch das ist Gesetz. Aber es sind die Momente, in denen du sich vollkommen fühlst, angeschlossen an das Leben. Genau in diesen Momenten erfährst du eine Fülle und Tiefe des Lebens, in der du Erkenntnis und seelisch Frieden findest. Und wahre Erkenntnis macht dich reif und fit für das Leben! Die Atmung spielt hier die Schlüsselfunktion. Sie ist das Werkzeug, mit dem du dich zentrieren kannst – mental, körperlich und seelisch. Ich lade dich hier ein, dieses wunderbare Werkzeug für deine Gesundheit, dein inneres Wachstum und deine innere Balance zu nutzen. Es wird dich um ein Vielfaches bereichern.

Atemkompetenz = Lebenskompetenz

Aufatmen – die zentrale Kraft in der Mitte des Seins

Atem ist Leben! Ohne Nahrung kannst du einige Wochen überleben, ohne Flüssigkeit einige Tage, ohne zu atmen jedoch nur wenige Minuten. Die Atmung ist darum mit Abstand die wichtigste Lebensfunktion. Das Wissen um die Heilkraft des Atmens ist bereits jahrtausendealt. In einer Zeit, in der immer mehr Menschen „in Atem gehalten" sind bzw. sich in Atem halten lassen, ist es wichtig, wieder gut „frei aufzuatmen" und frei durchzuatmen. Denn wer über „einen langen Atem" verfügt und manche Dinge „in einem Atemzug" erledigen kann, verfügt über Gelassenheit, Ausdauer und Kraft. Der Schlüssel zum Leben liegt in der Qualität der Atmung, nicht unbedingt in der Quantität. Die Art und Weise, wie du atmest und das wichtigste Lebensmittel Luft, hier Sauerstoff, aufnimmst und verwertest, entscheidet über dein körperliches, mentales und seelisches Befinden. 16mal in der Minute und bis zu 26.000 Male am Tag holst du Luft – atmest du ein und aus. Dabei kommunizierst du mit der Außenwelt auf einer Lungenoberfläche, den Lungenbläschen von 80 bis 120 qm. Das ist ungefähr die Größe eines Badminton- oder Tennisfeldes für Einzel. Wenn du diese wichtigste Lebensfunktion nur um 10% verbesserst, atmest du in einem Jahr etwa 430.000 Liter mehr Luft ein und aus – das ist das Volumen eines Heißluftballons, das dir mehr zur Verfügung steht!

Im Anfang war der Atem

Nirgendwo sind körperliche, geistige und seelische Prozesse so eng verknüpft wie beim bewussten Atmen. Hinweise findet man in der Schöpfungsgeschichte und in der Begriffs-entstehung des Wortes „Atem". Gott habe eine aus einem

Erdenkloß geformte Menschengestalt erst dadurch erweckt, indem er ihr seinen Odem – Atem – durch die Nase einblies. Im indischen Begriff „atman" = Seele, Weltenseele steckt das Wort Atem. „Pneuma" im Griechischen bedeutet Atem und Geist. „Pneuma hagion", der Heilige Geist, ist somit der heilige Atem. Ebenso bezeichneten die Griechen den wichtigsten Atemmuskel, das Zwerchfell („dia-phragma") als den „Sitz der Seele". Im Althebräischen steht das Wort „ruach" gleichzeitig für Atem, Wind, Hauch, Geist und Gott. Schon hier zeigt sich: Seelische und spirituelle Entwicklung haben immer eine Verankerung im Körperlichen, speziell im bewussten Atmen. Hier macht der Mensch die Grunderfahrung mit dem Lebensgesetz der Polarität, und zwar durch Einatmung und Ausatmung. Gleichzeitig kann er diese Polarität als Rhythmus und als ein Ganzes erleben – und damit Dualität überwinden. Dies ist ein zentraler Schlüssel spiritueller Entwicklung. Mehr darüber auch im Kapitel „Atmung – der Schlüssel zu Achtsamkeit und Meditation"

Bessere Zellstofftätigkeit

Größte innere Organmassage

Verbesserung der Stimme

Bessere Kommunikation mit Mensch und Umwelt

Verbindung von Bewusstsein und Unterbewusstsein

Besseres Gefühlserleben

Mentale Verbesserung

Dynamisierung des Kreislaufs

Die 8 Wirkungen guter Atmung

© nach Trusheim

1. Verbesserung der Zellstofftätigkeit

Der Sauerstoff ist der Zündstoff für jegliche Zellstofftätigkeit. Sauerstoff hält deine Lebensflamme am Brennen. Durch die Atmung wird das Sauerstoffversorgungssystem und der Kohlensäurespiegel reguliert, die Ionenkonzentration im Körper und damit die gesamte Stoffwechselanlage beeinflusst. Wie bei einer brennenden Kerze, der man eine Glasglocke überstülpt, erstickt auch deine Zellstofftätigkeit, wenn du zu flach und zu wenig atmest. Eine zweistündige Wanderung an frischer Luft wirk sofort belebend auf deinen Stoffwechsel und deine Gedanken. In den Sommermonaten verschwinden viele Krankheiten, weil die Menschen besser und mehr atmen. Eine bessere Sauerstoffversorgung kann sehr viele Krankheiten heilen oder zumindest den Gesundungsprozess günstig beeinflussen. Sauerstoff wirkt Wunder und hat reinigende Wirkungen. Häng beispielsweise einen schlecht riechenden Pullover, den du auf einer rauchvollen Party oder in Küchenausdünstungen getragen hast, zwei Tage in den frischen Wind und Sonne. Anschließend wirst du feststellen, dass fast alle Gerüche neutralisiert wurden und der Pullover fast frisch riecht. Wissenschaftliche Studien aus der Weltraumforschung haben bewiesen, dass die Mitochondrien, die Kraftwerke der Zellen, sich bei tiefem Atmen schneller regenerieren, was letzten Endes verjüngend auf die einzelne Zelle wirkt und deren Arbeitsleistung günstig beeinflusst.

2. Dynamisierung des Kreislaufs

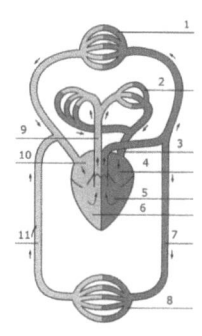

Kennst du die Redewendung „sich dem Herzen Luft machen"? Das scheint eine ungeheure Erleichterung zu sein, wenn man es denn tut. Kreislaufdynamisch hängt nämlich die Atmung eng mit der Herzarbeit, dem Körper- und Lungenkreislauf zusammen. Im kleinen Kreislauf – Lungenkreislauf nur im Brustkorb – wird das mit Sauerstoff angereicherte Blut von der Lunge zum Herzen transportiert und das verbrauchte Blut vom Herzen zurück zur Lunge. Im großen Kreislauf wird das ankommende sauerstoffreiche Blut vom Herzen über die Adern bis zu den entlegensten Körperzellen transportiert und umgekehrt das verbrauchte Blut über die Venen zurück zum Herzen transportiert. Zu hoher oder niedriger Blutdruck sowie die Vorsorge und Nachsorge von Herzerkrankungen können mit atemtherapeutischen Maßnahmen zu einem großen Anteil günstig beeinflusst werden. Die Zwerchfellbewegung beeinflusst nicht nur die Herzelastizität und den Herzschlag, sondern hat bei der Rückführung sauerstoffarmen Blutes aus dem Unterleib zum Herzen eine wichtige Hilfsfunktion.

3. Aktivierende Massage aller inneren Organe

Der wichtigste Atemmuskel – das Zwerchfell – ist dein größter und fleißigster innerer Masseur. Es sitzt genau horizontal in der Mitte des Rumpfes, nämlich zwischen Brustkorb und Bauchraum. Mit der auf- und absteigenden Bewegung dieses Muskels bei jedem Atemzug (ca. 26.000 – 28000mal am Tag) werden alle inneren Organe sowie Anteile Ihres Muskel-, Sehnen- und Bänderapparates mehr oder weniger gedrückt, verschoben und wieder gelöst. Dies wirkt wie eine innere Massage. Alle Organe erhalten bei einer effektiven Atembewegung lebenswichtige Reize zur besseren Durchblutung und Funktion. Kein anderer Masseur auf dieser Welt könnte für Sie eine solche Leistung ein Leben lang erbringen. Nehmen wir z.B. die Nieren: Sie werden durch die Bewegung des Zwerchfells nach unten gedrückt, senken sich bei der Einatmung ca. 1,5 cm ab und legen dieselbe Strecke bei der Ausatmung in entgegengesetzter Richtung wieder zurück. Das sind pro Atemzug ca. 3 cm. Nehmen wir die 3 cm x 25.000 Atemzyklen, so werden die Nieren um 75.000 cm oder 750 Meter pro Tag bewegt. Kannst du dir nun vorstellen, wie auch alle anderen Bauchorgane durch die Atembewegung entsprechend massiert werden und so lebenswichtige Reize empfangen? Das Zwerchfell ähnelt im Aussehen einer Quelle, die in der Mitte Ihres Körpers entspringt (S.24).

4. Verbesserung des Gefühlserlebens

Hast du schon einmal bemerkt, wie verschiedenartig du atmest, je nachdem in welcher Stimmung du gerade bist – ob angespannt, deprimiert oder voller Unternehmungslust? Die Häufigkeit, die Tiefe und das Tempo deiner Atemzüge verändern sich mit der Stimmung. Doch das funktioniert auch umgekehrt: Mit bewusstem Atmen kannst du deine Stimmung und deinen Energiezustand steuern. Je nachdem, wie tief du atmest, steht deinem Körper viel oder wenig Sauerstoff zur Verfügung – und das hat Einfluss darauf, wie du dich fühlst.

Physiologisch eng miteinander verbunden sind der größte Atemmuskel, das Zwerchfell, und das Herz. Das Herz liegt links zur Mitte hin auf dem Zwerchfell, das Zwerchfell stützt das Herz (Siehe Abbildung Nr. S. 24) Aus der Beobachtung des Atemrhythmus, der Atemtiefe und der Lage der Atembewegungen lassen sich Rückschlüsse auf die Gefühls- und Charakterstrukturen eines Menschen ziehen. Zur Bedeutung der Atemrhythmen siehe auch Kapitel „Im Rhythmus bleiben" S. 32. Ein Mensch, der ständig „in Atem gehalten" ist, unterscheidet sich von demjenigen, der „einen langen Atem" hat. Bei unterdrückten Gefühlen wirst du wahrscheinlich eher die Luft anhalten, in Atem gehalten sein oder nur sehr flach atmen. Dies wird auf die Dauer zu größeren Problemen führen. Ausgedrückte Gefühle wie z.B. Lachen, Weinen oder auch Singen trainieren automatisch eine gute Ausatmung. Du kannst anschließend wieder sehr viel besser und effektiver „aufatmen" und richtig „durchatmen". Ein großer Teil von Stress- und Burnout-Krankheiten beruht auf Ausatemstörungen. Wenn du tiefer ausatmest, dich von Dingen damit befreist und entleerst, kannst du aus der Leere heraus sehr viel mehr und besser einatmen, dich wieder von neuen Dingen „inspirieren" (lat. inspirare = einatmen) lassen – sowohl physiologisch als auch seelisch. Eine zweite ganz wesentliche Tatsache ist, dass unser Geruchssinn eng mit dem limbischen System und damit unseren Emotionen verbunden ist. Mehr dazu weiter unten unter „Verbesserung der mentalen Fähigkeiten".

5. Verbesserung von Stimme und Sprache

An der Stimme eines Menschen ist sofort zu erkennen, in welcher „Stimmung" er sich befindet und wie er atmet. Wie stark die Stimme mit der Persönlichkeit verbunden ist, zeigt auch das Wort „Persona". Es kommt aus dem Lateinischen „personare" = „durchtönen". Die Atmung und Stimme sind auf das engste miteinander verbunden. Deswegen ist eine vollständige, richtige Atmungsweise Grundvoraussetzung für gutes Sprechen und Singen. Beim Sprechen vollzieht das Zwerchfell einen vielfältigen stürmischen Wechsel in seinen Muskelanspannungen. Es stellt sich aber auch gleichzeitig auf die Bewegungsabläufe an den Stimmbändern ein. Es regelt die Luftabgabe beim Sprechen, wirkt bei der Gestaltung der Tongebung, Tonhöhe, Tonstärke und Melodie mit. Andererseits wird gerade durch die Pflege der Sprache und des Gesangs das Zwerchfell ausgebildet. Der ökonomische Luftverbrauch spielt bei Atem- und Stimmgebung eine besondere Rolle. So ist die Qualität eines Tones nicht abhängig von viel Atemluft, sondern vielmehr davon, dass die vorhandene Luft optimal in Schwingung versetzt wird. Da reicht einer Lerche eine winzige Menge Luft im Brustkorb sogar während des Fluges noch aus, um ihre Stimme weit oben in der Luft erschallen zu lassen.

6. Atmung als Brücke zwischen Bewusstsein und Unterbewusstsein

Das Ziel vieler Methoden und Forschungen zur Persönlichkeitsentwicklung des Menschen besteht darin, die versteckten unbewussten Potenziale des Menschen sowie seine kreativen Ressourcen zu entdecken und sinnvoll zu fördern. Die Intuition, das Wissen, das sich aus jahrtausenderalter Erfahrung des Menschen speichert, rückt immer mehr in den Mittelpunkt der Forschung. Die Atmung könnte hier eine Schlüsselrolle spielen. Denn sie wird von zwei verschiedenen Nerven-systemen gesteuert. Vorwiegend über das Vegetative Nervensystem oder auch als Autonomes Nervensystem bezeichnet, welches die gesamte Tätigkeit der Organe steuert. Aber gleichzeitig kann es auch von dem Zentralen Nervensystem geleitet werden, welches für unsere bewusste Motorik zuständig ist. Das bedeutet, Du kannst die Atmung zum Teil willentlich steuern, z.B. durch Luft anhalten, verschiedene Atemtechniken etc. Gleichzeitig kannst du bewusst erleben, wie deine Atmung von selbst geschieht, d.h. du kannst spüren, wie „es" atmet. Dies ist einmalig. Und dies gibt es bei keiner anderen Organfunktion. Mit Ihrem Herzen gelingt das nicht. Das kannst du nicht willentlich anhalten. Es wäre auch lebensgefährlich. Die Atmung ist die größte ununterbrochene Bewegung in unserem Organismus. Tag und Nacht. Wenn wir einen besseren Zugang zu unserer Atmung bekommen, spüren wir, was sich da bewegt. Wir erhalten Einblick in das „ES". Denn ES atmet, ob wir nun daran denken oder nicht, solange wir leben. Im Sensitiven Atemtraining, Autogenen Training, im MBSR (mindfull based stress relaxion), Sensory Awareness, Feldenkraisarbeit, Zen und Vipassana-Yoga wird diese Bewusstheit für Atemvorgänge trainiert. Die Atmung bildet somit die Brücke zwischen Bewusstem und Unbewusstem, zwischen Innen und Außen, zwischen Kopf und Bauch. Weiterführende Informationen findest du auch im Kapitel „BEAP – Bewusstseinserweiternder Atemprozess" auf S. 69.

7. Verbesserung der mentalen Fähigkeiten

Wenn du dich wie „benebelt" fühlst oder „Dinge einfach nicht auf die Reihe bekommst", liegt das nicht selten an einer eingeschränkten und ineffektiven Atmungsweise und möglicherweise auch an schlechter Luft. Unsere Hirntätigkeit reagiert auf Sauerstoffmangel sehr empfindlich. Einige Minuten ohne Sauerstoff lassen zuerst die Hirnfunktionen absterben und können dann schlimmstenfalls zu einer körperlichen oder geistigen Behinderung führen. Über die Atemwege selbst wird das Gehirn teilweise direkt berührt und angeregt. Am höchsten Punkt des Atemweges, nämlich am Ende des oberen Nasengangs, sind die austretenden Riechnerven, der Riechkolben zu finden. Dort erkennen 25 Millionen Riechzellen bis zu 10.000 Düfte. 80% unseres Geschmacks werden hierüber gebildet. Intensives Riechen fördert die Atemspannung und Atemkonzentration. Siehe auch „Einen guten Riecher haben" S. 36. Dicht über dem Riechkolben liegt der vordere Stirnlappen mit den Regionen für motorisches Sprachzentrum, Gedächtnis, Bewusstsein, Verhalten und Emotion. Inzwischen hat die Forschung gezeigt, dass die dem Riechen zugrundeliegenden neuronalen Strukturen nicht als Zentrum ausgebildet sind, sondern dass Nervenzellverbände auf verschiedenen Ebenen der Gehirnorganisation zu den Verarbeitungs- und Wahrnehmungsleistungen des Geruchssinns beitragen. Der Geruchssinn ist der komplexeste chemische Sinn. Er ist evolutionär betrachtet eine höchst bedeutsame Informationsquelle. Das zeigt sich noch heute, denn der Riechsinn ist etwas Besonderes: Im Gegensatz zu allen anderen Sinneseindrücken gelangen die Geruchsinformationen von der Nase direkt zur Hirnrinde, ohne zuvor im Thalamus umgeschaltet worden zu sein. Wird dieser Sinn durch besseres Atmen aktiviert oder umgekehrt, hat das positiven Einfluss auf unser Bewusstsein. Ein „guter Riecher" ist gleich zeitig ein guter „Spürsinn". Dieser wichtige, zunehmend degenerierte Lebenssinn registriert und kontrolliert nicht nur die feinsten stofflichen Veränderungen in der Atemluft, sondern schult auch die intuitiven Fähigkeiten. Wenn Sie „jemanden gut riechen können" oder Ihnen „eine Sache stinkt", dann hat dies ganzheitliche Auswirkungen auf Ihre Sinneswahrnehmung, Emotionen und Erkenntnis. Menschen, die „einen guten Riecher" haben, sind meistens mental sehr fit und anderen „um eine Nasenlänge" voraus. Gezielte Atemübungen für den Hals-, Nasen- und Kopfbereich können Wachheits-, Aufmerksamkeits- und Denkantrieb verbessern. Ebenso ist das Trainieren unseres Riechsinnes von beachtlicher Wirkung. Tipp: Wenn Sie heute Essen kochen, dann beschnuppern Sie jede einzelne Zutat, jedes Lebensmittel ganz tief. Riechen hat mit Schmecken zu tun. Je besser wir riechen, desto intensiver schmecken wir. Und je besser du die Nahrung lange genug im Mund zerkaust, desto mehr Moleküle werden aufgeschlüsselt, um sie dann riechen zu können. Riechen bildet Geschmack! Wenn sich Menschen nicht riechen können, dann ist dies das ehrlichste Signal zu handeln. Denn der Körpergeruch ist Natur pur – er ist nicht verstellbar. Es gibt einen olfaktorischen Fingerabdruck jedes Menschen. Paartherapeuten berichten, dass in solchen Fällen keine Therapie der Welt hilft dies zusammenzuhalten. Denn da passt etwas genetisch nicht zusammen. Viele Gerüche liegen unterhalb unserer Wahrnehmung und sind uns nicht bewusst. Forschungen zeigen, wie Mann und Frau auf Pheromone reagieren. Dies sind organische Moleküle, die evolutionär betrachtet der instinktiven Kommunikation zwischen Lebewesen dienen und durch die Nase aufgenommen werden. Die Duftstoffindustrie weiß dies erfolgreich zu nutzen, um dich zu manipulieren. In der medizinischen Forschung entdeckt man zunehmend den Geruchssinn für diagnostische Verfahren. So können Hunde bestimmte Erkrankungen, auch verschiedene Krebsarten, bei Menschen riechen. mit KI - künstliche Intelligenz - entwickelt man ähnliche Verfahren. Das bedeutet für die Diagnostik eine ungeheure Ergänzung. Die Forschung steht hier noch am Anfang, ist aber revolutionär! Es gelingt zunehmend, die Duftmoleküle zu entschlüsseln und zuzuordnen. Und diese Diagnostik ist sehr viel effizienter, schneller, schonender und v.a. kostensparender. Mehr darüber auf S. 40 „Einen guten Riecher haben".

8. Verbesserung der Kommunikation mit Mensch und Erde

Die Lunge ist das zweitgrößte Kommunikationsorgan des Menschen (Größe eines Tennisfeldes für Einzel), nur der Darm hat eine noch größere Oberfläche. Im rhythmischen Wechselspiel von Einatmen und Ausatmen, Nehmen und Geben erfolgt ein ständiger Austausch von O_2-Aufnahme sowie CO_2-Abgabe. Jährlich bewegen wir über vier Millionen Liter Luft in uns hinein und hinaus. Würden wir diese Luft farblich sichtbar machen, könnten wir noch deutlicher die Intensität unserer Beziehung zu Menschen und zur Natur, insbesondere der „Atmosphäre" erkennen. Wir teilen die Luft miteinander. In Räumen wird das besonders spürbar. Und wenn es „dicke Luft" gibt, müssen wir Luft von draußen hereinlassen. Eine „gute Atmosphäre" oder „schlechte Atmosphäre" bezeichnet immer auch eine Stimmung und Schwingung. In der Vorbereitung für wichtige Gespräche und Verhandlungen geht es nicht nur um das äußere Raumklima, gute Luft

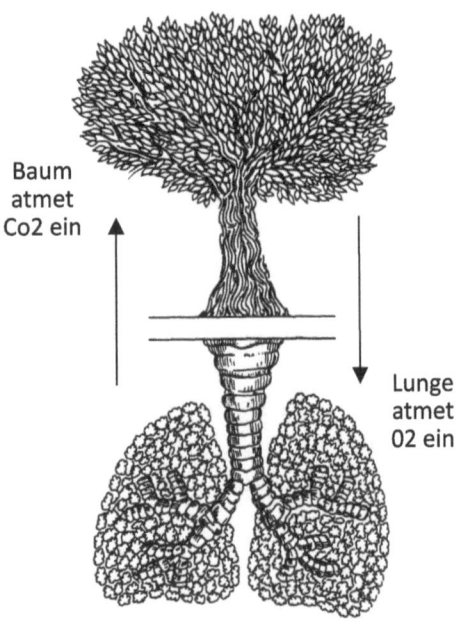

Baum atmet Co2 ein

Lunge atmet 02 ein

und guten Geruch, sondern auch um die Gestaltung eines einladenden Frei- und Spielraums für alle Beteiligten, respektvoll und lebendig zu kommunizieren. Eine gute Kommunikation braucht ein ausgewogenes Verhältnis von Geben und Nehmen, Sprechen und Zuhören sowie kleine Pausen der Besinnung und Verarbeitung. Wenn du sehr tief an den Gedanken und Gefühlen eines anderen Menschen teilnimmst, übernimmst du oft automatisch unbewusst dessen Atemrhythmus. Man bezeichnet dies als „psychorespiratorischen Effekt". So sind z.B. Weinen, Lachen, Gähnen sehr ansteckend. Es bewegt uns innerlich. Das zeichnet uns als soziale mitfühlende Wesen aus. Doch wenn du eine ganze Weile den Atemrhythmus eines Asthmatikers oder schwer depressiven Menschen mitatmest, so leidest du mit. Es geht dir dann meistens selbst auch nicht gut.

Ein Tipp: Immer wenn du es mit Menschen zu tun hast, mit denen du anscheinend nicht weiterkommst, verstrickt bist und das Gefühl hast, dir wird Energie abgezogen, achte verstärkt und bewusst auf deine eigene Atemweise. Nimm dir dann innerlich kurze Augenblicke Zeit, dich zu erden. Spüree zu den Bereichen des Körpers, die unmittelbar Kontakt zum Boden oder Stuhl haben. Deine Füße auf dem Boden, deinen Rücken an der Lehne, deine Arme evtl. auf dem Tisch u.ä.. Atme dann tief durch und anschließend 1-3 Minuten einen anderen Atemrhythmus als die betreffende Person. Diese kleine Konzentrationsübung wird den Gesprächsverlauf und dein Befinden positiv beeinflussen. Deine eigene Energie ist wieder spürbar. Entscheidend ist immer, ob du dich deinem Raum und deiner Umgebung bewusst bist. Wenn du jetzt für einen Augenblick mit geschlossenen Augen in den Raum, in die Atmosphäre hineinspürst, den du tatsächlich hast, der freie Raum hinter, vor, über, links und rechts neben dir – die Luft, die dich umgibt – dann wirst du automatisch sehr viel tiefer ein- und ausatmen. Du spürst dich tiefer in Kontakt mit dem Raum, der Erdatmosphäre. Damit gewinnst du eine andere Gelassenheit, Präsenz und tiefes Vertrauen. Bei einer langen Wanderung in schöner Natur passiert das automatisch: Atem- und Bewegungsabläufe synchronisieren sich. Du findest in einen harmonisierenden Rhythmus und fühlst dich wieder mit allem verbunden.

Sind diese acht Gründe wissenschaftlich bewiesen?

Ein altes, aber einmaliges umfassendes 640-seitiges Gesamtwerk von dem Arzt Dr. Ludwig Schmitt, „Atemheilkunst" aus dem Jahre 1966, beschreibt detailliert die Forschungsarbeiten und Heilungserfolge besserer Atmung aus schulmedizinischer Sicht. Es gibt sicherlich viele neuere Untersuchungen aus ähnlichen Bereichen, die man hier auf die Atmung übertragen könnte. Bisher hat sich aber die Wissenschaft mit den Wirkungen bewusster Atmung nur teilweise beschäftigt. Eine solche aufwendige Forschung ist für Medizin, Gesundheits- und Pharmaindustrie nicht gewinnbringend. Denn am Ende der Forschung gibt es keine Geräte oder Tabletten, die sich dadurch entwickeln und verkaufen ließen, sondern nur der Mensch, der ohne Hilfsmittel selbständig besser atmet und damit gesundet. Dennoch bin ich zu hundert Prozent davon überzeugt, dass diese von mir postulierten acht Wirkungen der bewussten Atmung jeder wissenschaftlichen Untersuchung absolut standhalten würden und für die gesamte Medizin, ebenso für Psychotherapie, Coaching, Prävention, Pädagogik und Sport von großem Nutzen wären. Vielleicht wird man in fünfzig oder hundert Jahren den Stellenwert der wichtigsten Lebensfunktion des Menschen mehr erkennen, erforschen und würdigen.

Physiologische Grundlagen

Zu den Atmungsorganen zählen mehrere luftführende Wege, die Lunge, die Atem- und Atemhilfsmuskulatur sowie das Atemzentrum.

Die Atemwege und Atemorgane

Äußere Atmung

Durch die oberen Atemwege, die Nasenhöhlen – in Ausnahmefällen auch durch die Mundhöhle – und den Rachenraum, gelangt die Luft zu den unteren Atemwegen, der Luftröhre und den Bronchien, zur Lunge. Der Nase bekommt eine besondere Bedeutung zu. Siehe S. 37/38 „7 Gründe, durch die Nase zu atmen". Um die Atemluft zu erwärmen, zu befeuchten und zu reinigen und die Luftströme zu ordnen, sind die Atemwege mit Schleimhäuten, Flimmerhärchen und mechanischen Barrieren ausgestattet. Am äußersten Ende dieser Wege erreicht die Luft die Lungenbläschen.

Zellatmung bzw. innere Atmung

Die Lungenbläschen bestehen aus hauchdünnen Membranen, die von feinsten Blutgefäßen der Arterien und Venen korbartig umsponnen sind. Über diese Membran wird der Sauerstoff aus der ankommenden Luft herausgefiltert, durch das Hämoglobin an das Blut gebunden und mit diesem bis hin zu entlegensten Zellen transportiert. Hier geschieht der Zellstoffwechsel. Der ankommende Sauerstoff wird bei der Verbrennung von Kohlehydraten verbraucht, um die Wärme-Energie zu gewinnen. Diese Zellatmung, auch innere Atmung genannt, produziert als Abfallprodukt das CO_2, das wiederum, an das Blut gebunden, zurück über die Venen zu den Lungen über den großen und kleinen Kreislauf transportiert und am Ende, von den Lungenbläschen herausgefiltert, mit der Ausatmung ausgeschieden wird.

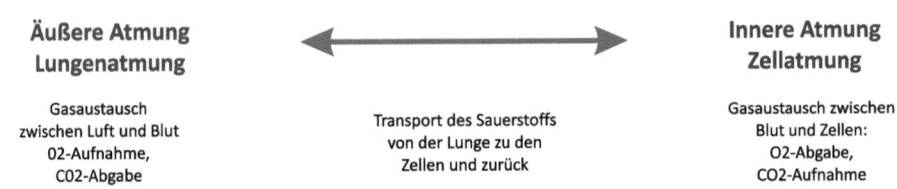

Äußere Atmung **Lungenatmung**		**Innere Atmung** **Zellatmung**
Gasaustausch zwischen Luft und Blut O2-Aufnahme, CO2-Abgabe	Transport des Sauerstoffs von der Lunge zu den Zellen und zurück	Gasaustausch zwischen Blut und Zellen: O2-Abgabe, CO2-Aufnahme

Die Lunge und Alveolen

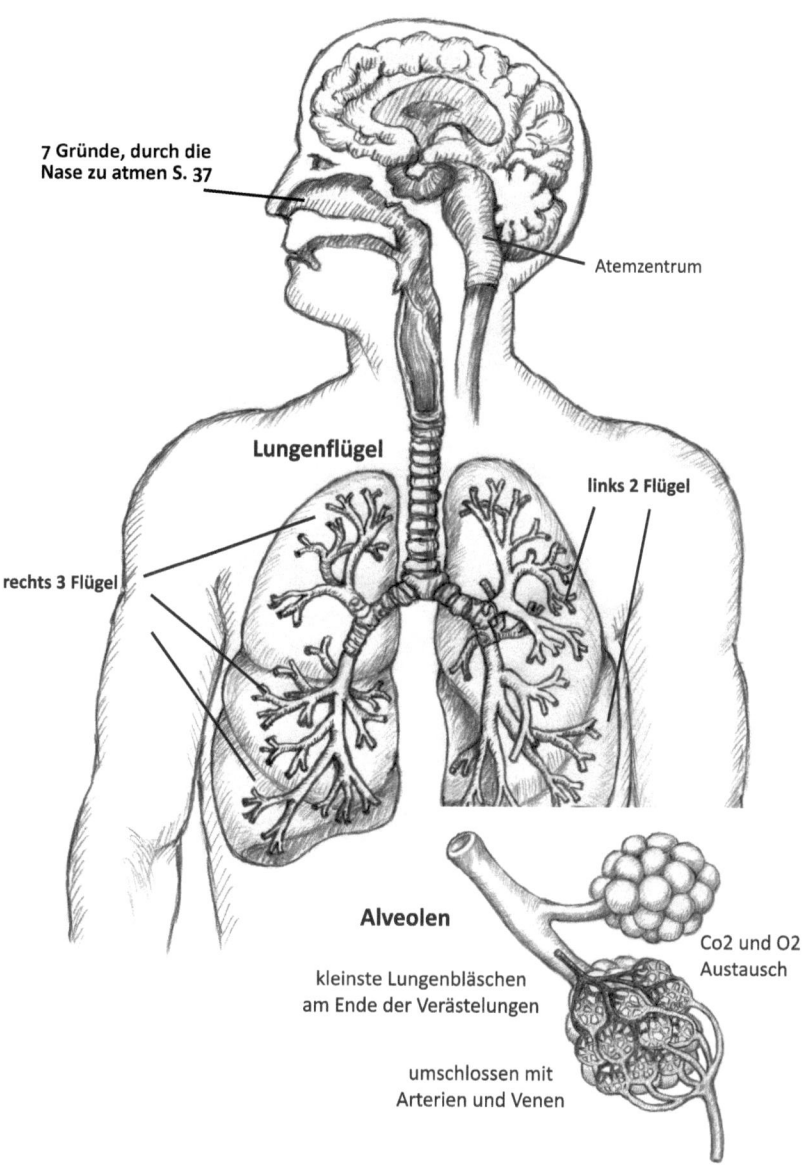

7 Gründe, durch die Nase zu atmen S. 37

Atemzentrum

Lungenflügel

links 2 Flügel

rechts 3 Flügel

Alveolen

Co2 und O2 Austausch

kleinste Lungenbläschen am Ende der Verästelungen

umschlossen mit Arterien und Venen

Gesamtoberfläche aller Lungenbläschen/ Lunge ca. 80 - 120 qm

Das Zwerchfell

Dies ist der wichtigste und größte Atemmuskel. Er ähnelt einem Springbrunnen oder einer Kuppel in der Mitte unseres Körperrumpfes und sorgt dafür, dass Sie einatmen können.

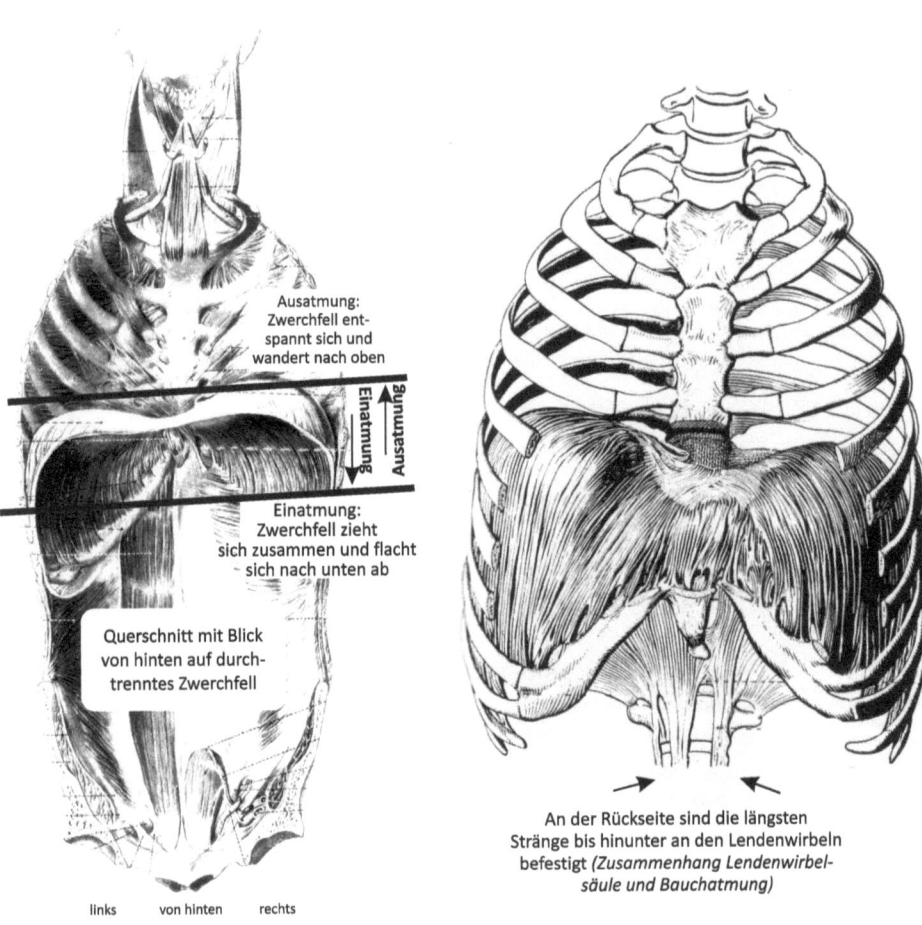

Ausatmung:
Zwerchfell ent-
spannt sich und
wandert nach oben

Einatmung

Ausatmung

Einatmung:
Zwerchfell zieht
sich zusammen und flacht
sich nach unten ab

Querschnitt mit Blick
von hinten auf durch-
trenntes Zwerchfell

links   von hinten   rechts

An der Rückseite sind die längsten
Stränge bis hinunter an den Lendenwirbeln
befestigt (*Zusammenhang Lendenwirbelsäule und Bauchatmung*)

Der Ablauf der Atembewegungen

Einatemmuskeln

Die wichtigsten Muskeln sind das Zwerchfell und die äußeren Zwischenrippenmuskeln (intercostali externi), unterstützend wirken ebenso etliche Muskeln der Rückenstrecker sowie Muskeln im oberen Brustkorb und Halsbereich. Letztere dienen dazu, um bei besonderen Belastungen die Einatmung hilfsweise zu unterstützen, insbesondere bei übergroßer Anstrengung, in Not oder wenn das Zwerchfell direkt beeinträchtigt ist.

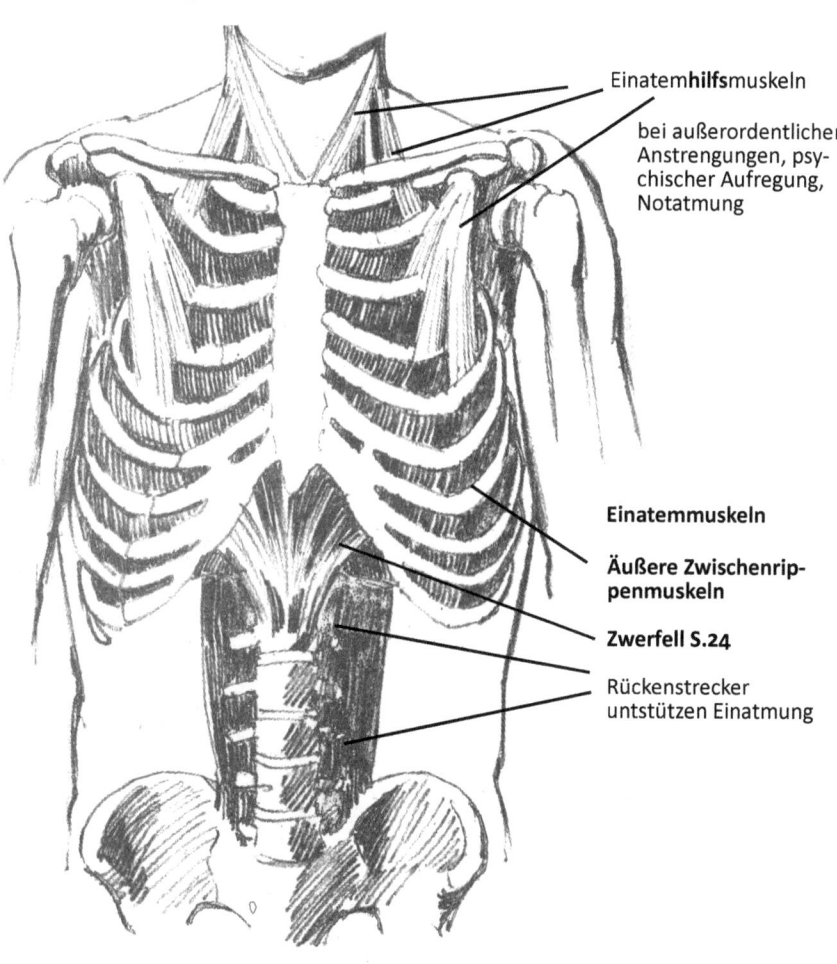

Einatem**hilfs**muskeln

bei außerordentlichen Anstrengungen, psychischer Aufregung, Notatmung

Einatemmuskeln

Äußere Zwischenrippenmuskeln

Zwerfell S.24

Rückenstrecker untstützen Einatmung

Beim Einatmen zieht sich der Zwerchfellmuskel aktiv zusammen, die Kuppel des Zwerchfells senkt sich zum Bauchraum hin ab, die Bauchorgane werden – durch Nachgeben der Bauchmuskeln – zum Beckenboden, etwas nach vorne und seitlich hin gedrückt. Gleichzeitig heben im oberen Körperbereich die äußeren Zwischenrippenmuskeln den Brustkorb und weiten ihn insgesamt, abhängig von der tiefen Vollatmung, die sich vom Bauch- bis in den Brustraum erstreckt. Im Stehen richtet sich die Wirbelsäule dabei etwas auf, unterstützt durch die langen Rückenstreckermuskeln. Durch die Absenkung des Zwerchfells entsteht im Inneren des Brustkorbes ein Unterdruck – im Gegensatz zum höheren atmosphärischen Druck der Außenluft. Nach physikalischem Gesetz strömt die Außenluft automatisch ein. Die Lunge, die durch das Brustfell mit dem Brustkorb und dem Zwerchfell verbunden ist, saugt die einströmende Luft wie ein Schwamm auf. Sie wird „beatmet".

Bauchatmung – eingeatmet

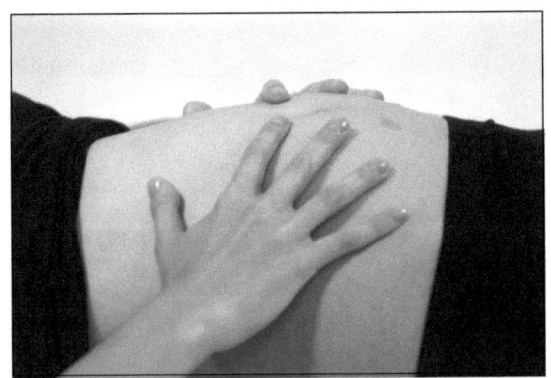

Ausatemmuskeln

Hier sind besonders die inneren Zwischenrippenmuskeln (intercostali interni) aktiv, ebenso unterstützen die Bauchmuskeln die Ausatmung.

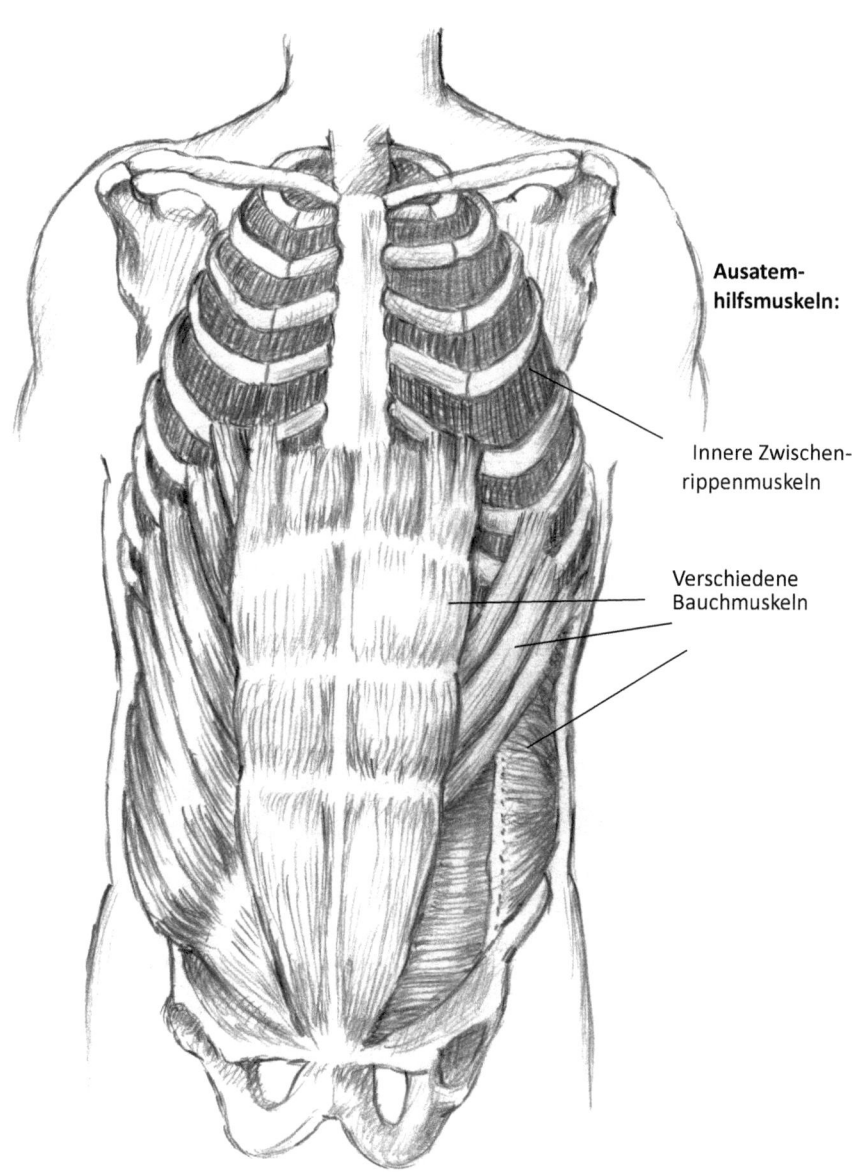

**Ausatem-
hilfsmuskeln:**

Innere Zwischen-
rippenmuskeln

Verschiedene
Bauchmuskeln

Beim Ausatmen wirken ebenso verschiedene Faktoren mit: Das Zwerchfell wölbt sich in der Entspannung kuppelförmig in den Brustkorb hinein zurück, die Lunge zieht sich zusammen, die äußeren Zwischenrippenmuskeln geben nach und die inneren Zwischenrippenmuskeln und Bauchmuskeln (der Bauch wird etwas kleiner) helfen aktiv mit, so dass der Brustkorb und Bauch wieder kleiner werden. Dadurch entsteht Überdruck im Innern des Brustkorbes, der die vorhandene Luft hinausschiebt.

Bauchatmung ausgeatmet

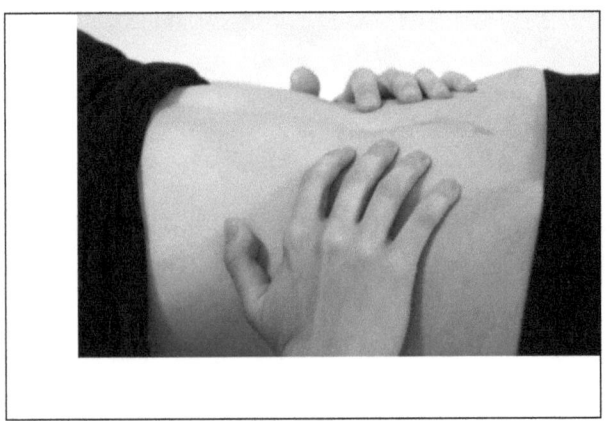

Die Regulation der Atmung

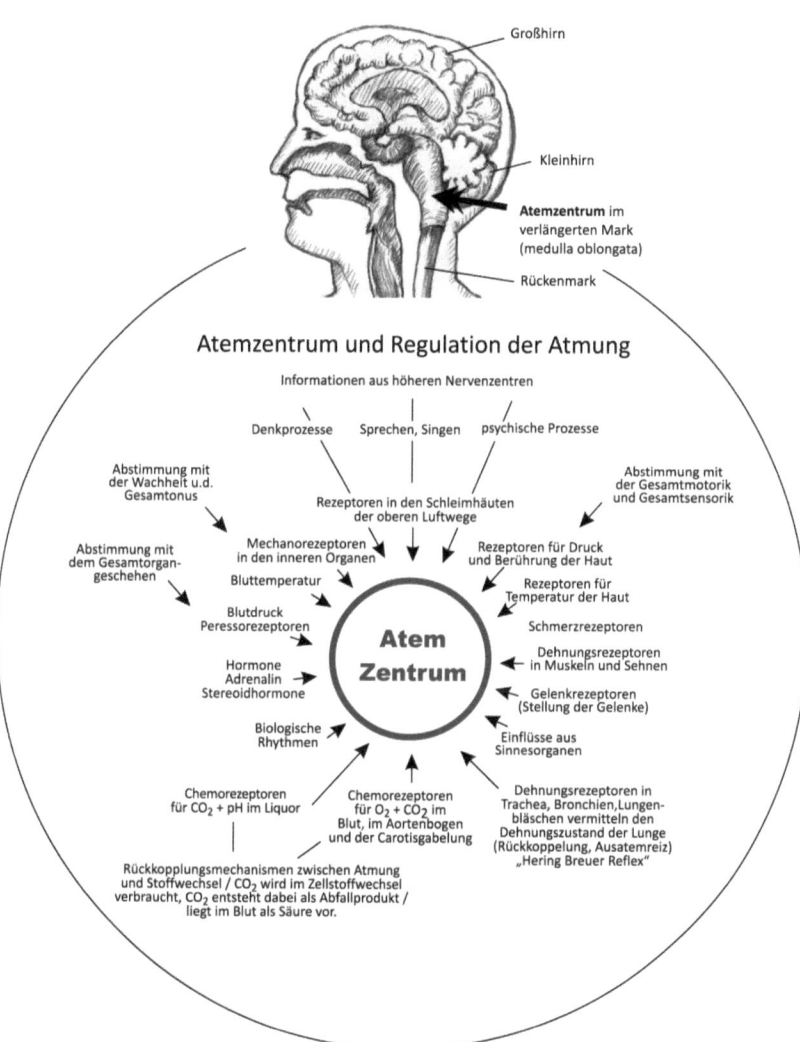

Großhirn

Kleinhirn

Atemzentrum im verlängerten Mark (medulla oblongata)

Rückenmark

Atemzentrum und Regulation der Atmung

Informationen aus höheren Nervenzentren

Denkprozesse   Sprechen, Singen   psychische Prozesse

Abstimmung mit der Wachheit u.d. Gesamtonus

Abstimmung mit der Gesamtmotorik und Gesamtsensorik

Abstimmung mit dem Gesamtorgangeschehen

Rezeptoren in den Schleimhäuten der oberen Luftwege

Mechanorezeptoren in den inneren Organen

Rezeptoren für Druck und Berührung der Haut

Bluttemperatur

Rezeptoren für Temperatur der Haut

Blutdruck Peressorezeptoren

Schmerzrezeptoren

Atem Zentrum

Dehnungsrezeptoren in Muskeln und Sehnen

Hormone Adrenalin Stereoidhormone

Gelenkrezeptoren (Stellung der Gelenke)

Biologische Rhythmen

Einflüsse aus Sinnesorganen

Chemorezeptoren für CO_2 + pH im Liquor

Chemorezeptoren für O_2 + CO_2 im Blut, im Aortenbogen und der Carotisgabelung

Dehnungsrezeptoren in Trachea, Bronchien, Lungenbläschen vermitteln den Dehnungszustand der Lunge (Rückkoppelung, Ausatemreiz) „Hering Breuer Reflex"

Rückkopplungsmechanismen zwischen Atmung und Stoffwechsel / CO_2 wird im Zellstoffwechsel verbraucht, CO_2 entsteht dabei als Abfallprodukt / liegt im Blut als Säure vor.

Es gibt nur sehr wenige unabhängige und eigenständige Impulsgeber im Organismus. Einer davon ist der Sinusknoten des Herzens, – der andere ist das Atemzentrum in der Tiefe des Hirnstamms. Dieses Zentrum, das eigentlich aus mehreren, komplex vernetzten Zentren besteht, ist selbst eingebettet in eine große Nervenzellgruppe des Stammhirns, die zum zentralen Teil des ganzen Zentralnervensystems gehört: die Formatio Reticularis, ein dicht gewebter netzartiger Verbund von Nervenzellen, in den von allen Seiten praktisch alle Informationen einströmen, die irgendwo im Körper oder im Gehirn entstehen, sowohl aus den Sinnesorganen als auch aus allen Empfindungsbereichen und ebenfalls aus allen höheren Gehirnregionen.

Vom Atemzentrum aus, das im verlängerten Mark (siehe Abbildung), dem entwicklungsgeschichtlich ältesten Teil des Gehirns liegt, wird der Atemrhythmus bestimmt. Die Tiefe und Frequenz der einzelnen Atembewegungsphasen bei Einatmung, Ausatmung und Atemruhe hängt von den jeweiligen physiologisch-biochemisch bedingten Bedürfnissen des Körpers ab und unterliegt gleichzeitig vielfältigen Einflüssen, die sich aus dem Innenleben des menschlichen Organismus ergeben. Das Atemzentrum hat Verbindungen zu sensiblen somatischen und vegetativen Nerven, zur Formatio reticularis, zu anderen vegetativen Zentren im Hirnstamm, zu den übergeordneten Organkoordinationsgebieten im Hypothalamus, zum Thalamus und anderen höheren Gebieten des Zentralnervensystems (limbisches System, Hirnrinde). Weitere Informationen, auf die es reagiert, erhält es von den Chemorezeptoren für O2 und ph-Wert im Liquor und den Chemorezptoren für O2 und CO2 im Blut, im Aortenbogen und der Carotisgabelung. Daneben registriert das Atemzentrum über Rezeptoren die Dehnung der Luftröhre, Bronchien und Bronchiolen, die Stellung der Gelenke, die Dehnung in Muskeln und Sehnen, den Schmerz, die Temperatur, den Druck und die Berührung der Haut, den Zustand der Schleimhäute in den oberen Luftwegen, innere Organbewegungen, die Bluttemperatur, den Blutdruck, biologische Rhythmen, Hormone, Denkprozesse, Singen, Sprechen und psychische Prozesse.

Atemfakten

Anzahl der Lungenbläschen	**30.000.000**
Oberfläche der Lunge	**80 - 120 qm** / Größe von Tennisfeld Einzel
Zusammensetzung der Atemluft Einatemluft ---	21 % Sauerstoff, 78 % Stickstoff, 0,97 % Edelgase (Argon und andere), 0,03 % Kohlendioxid ---
Ausatemluft	**16 % Sauerstoff,** 4% Kohlendioxid, 78 % Stickstoff, 2% Edelgase
Sauerstoffaufnahme	**4 %,** 7 % bei Hochleistungssportler, 3% bei Menschen, die sich kaum bewegen
Atemzüge pro Minute Neugeborene beim Erwachsenen in Ruhe bei tiefer Entspannung (z.B. Autogenes Training, Zen-Meditation, Yoga)	 35 - 50 **14 - 20** 6 - 10
Atemzüge am Tage	24000 bis 26000
Atemzüge pro Jahr	Ca. 8 600 000 bis 9 000 000
Luftvolumen pro Atemzug	**0,5 Liter**
Zusätzliches Luftvolumen **Vitalkapazität**	**1,5 - 2 Liter** bei stärkster Ein- und Ausatmung. Maßstab für körperliches Leistungsvermögen; ist unabhängig von Geschlecht, Veranlagung und körperlicher Tätigkeit
Sportler können über eine Vitalkapazität von 5 - 6 Litern verfügen!	
Restvolumen	Bei stärkster Ausatmung bleiben noch 1,2 Liter in den Lungen zurück
Luftverbrauch pro Minute	8 Liter, 80 Liter bei schnellem Jogging, bis zu 140 Liter bei einem Wettkampfruderer
Luftverbrauch pro Tag	12 000 Liter
Luftverbrauch pro Jahr	Ca. 4 300 00 Liter Das Volumen von ca. 5 Heißluftballons
Schadstoffausscheidung des Körpers über Atem über Haut über Harn über Stuhl (Verdauung)	 **70 %** 20 % 7 % 3 %
Verbesserung der Atmung um nur 10 %	Sie atmen jedes Jahr 430 000 Liter mehr Luft ein und aus. Das ist Größe eines kleinen Heißluftballons

Im Rhythmus bleiben

Die Atmung ist fließend. Einatmen und ausatmen, aufnehmen und abgeben bestimmen den Rhythmus der Atmung. Das Vorhandensein dieser Pole und ihrer gegenseitigen Anziehung bringt Leben und Bewegung hervor. Alles Leben vollzieht sich in Rhythmen. Betrachten Sie die Naturkreisläufe, so finden Sie dort genaue Rhythmen, die auf die Minute genau bestimmt werden können: Sonne-/Mondphasen, Ebbe-/Flutphasen etc. Der Mensch ist in diese Rhythmen eingebunden. In ihm selbst sind viele Rhythmen vorhanden z.B. in Form von Atem- und Organbewegungen, Herzschlägen.

Im Atemrhythmus sind vier Phasen zu beobachten:
1. Einatmung (EA)
2. Einatemkonzentration – höchster Punkt der Einatmung (EK)
3. Ausatmung (AA)
4. Atemruhe (AR) – tiefster Punkt der Ausatmung

Jede Phase hat eine bestimmte Funktion und Bedeutung. Am Atemrhythmus kann man sehr gut erkennen, in welchem körperlichen und seelischen Zustand sich ein Mensch gerade befindet.

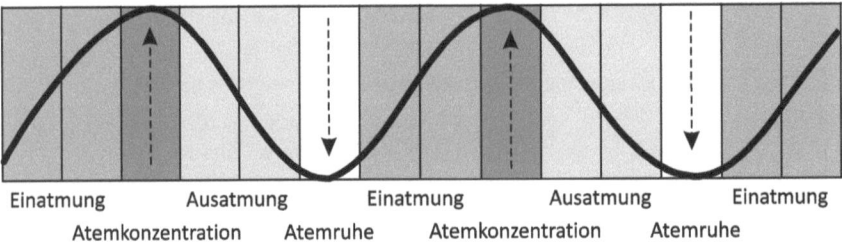

Einatmung   Ausatmung   Einatmung   Ausatmung   Einatmung
Atemkonzentration   Atemruhe   Atemkonzentration   Atemruhe

Viele ältere Atemschulen beschreiben auch den Dreier-Rhythmus von Einamtung, Ausatmung und Atempause bzw. Atemruhe.

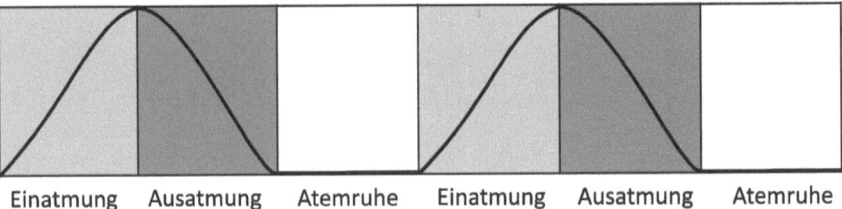

Einatmung   Ausatmung   Atemruhe   Einatmung   Ausatmung   Atemruhe

Je nach Stimmung, Gedanken und der Form der körperlichen Aktivität und Reize ändert sich die Dauer und Intensität einzelner Phasen. Wenn sich die Atmung in den oben beschriebenen Rhythmen befindet, fühlen Sie sich ausgesprochen wohl. Ihr Rhythmus nähert sich dabei den Rhythmen der Naturkreisläufe. Ihr Raum- und Zeitgefühl wird freier. Sie sind offen und klar. Fehlen eine oder mehrere Phasen oder sind diese im Ablauf vollkommen anders ausgeprägt, fallen Sie aus dem Rhythmus. Wenn sich Ihre Atmungsweise nicht mehrmals am Tage für eine gewisse Zeit in diese genannten Rhythmen einpendelt, so ist eine Störung vorhanden. Über einen längeren Zeitraum hinweg kann das zu Entwicklungs- und Leistungseinschränkungen auf köperlicher, mentaler und seelischer Ebene führen.

Die Bedeutung der Atemphasen

Einatmung

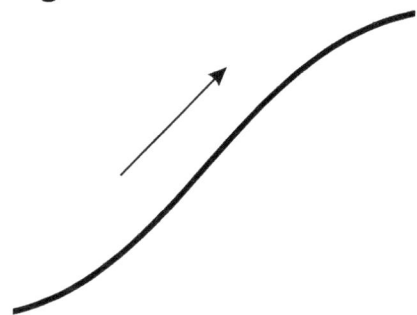

physiologisch:
Zwerchfell zieht sich aktiv zusammen
Lungengewebe wird durch Zwerchfellbewegung auseinandergezogen
Unterdruck im Brustkorb
Sogwirkung bedingt O2-Aufnahme

seelisch und psychisch
Aufnehmen der äußeren Atmosphäre
Etwas hineinlassen
Interesse, Neugier
Inspiration
Aufbruch

Atemkonzentration

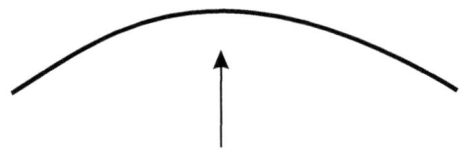

physiologisch:
höchster Punkt der Einatmung
Anspannung der Einatemmuskeln
Entspannung der Ausatemmuskeln

seelisch und psychisch:
Haltenkönnen der Spannung, der Fülle und des Überflusses
Konzentration
Gefüllt sein
Fülle

Ausatmung

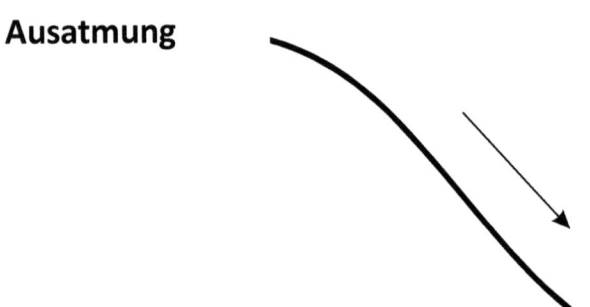

physiologisch:
Zwerchfell entspannt sich – es wandert ein Stück nach oben in den Brustraum.
Das sich passiv ausgedehnte Lungengewebe zieht sich wieder aktiv zusammen
und verkleinert sich
CO_2-Abgabe

Ausatmung: seelisch und psychisch:
Einen Teil der inneren Atmosphäre abgeben
Entladung
Ausdruck: geben, sich öffnen, entfalten, schenken, gebären
sprechen, singen
sich hingeben
loslassen

Atemruhe

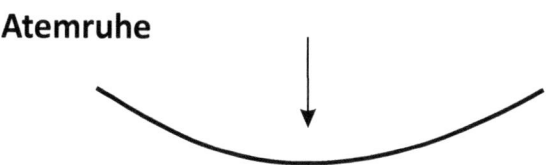

physiologisch:
tiefster Punkt der Ausatmung
effektive Lungenentleerung
tiefste Entspannung des Zwerchfells
keine Atemaktivität
Entspannung aller Einatemmuskeln

seelisch und psychisch:
Stille, Entspannung
Leere, Auflösung, Besinnung
leer sein
offen sein
tiefe Konzentration und innere Sammlung

Je nach Stimmung, Gedanken und der Form der körperlichen Aktivität und Reize ändert sich die Dauer und Intensität der einzelnen Phasen.

Kontrollübung:
Wenn du dir die Atemrhythmen in den Bildern anschaust: Welche Atemphasen sind bei dir stärker ausgeprägt und welche weniger? Setze dich aufrecht auf einen Stuhl oder Meditationshocker. Lass dir jetzt 3-5 Minuten Zeit, nur deine

Atmung wahrzunehmen. Spüre, wie es ein- und ausatmet, ohne deinen Willen. Es atmet von selbst. Ist deine Atmung gleichmäßig oder ist die Einatmung oder Ausatmung bewusster? Oder spitzer oder abgebrochener? Welche Phase ist dir angenehmer? Die Einatmung oder die Ausatmung? Gibt es auch ein Phase der Atemruhe? Vielleicht kommst du auch im nachfolgenden Kapitel deiner individuellen Atmungsweise auf die Spur.

Atemgewohnheiten

Was ist „richtiges" Atmen? Gibt es ein „falsches" Atmen?

Jeder Mensch hat einen ganz individuellen Atemrhythmus. Dieser ist fast so einmalig wie der Fingerabdruck. Grundsätzlich nutzen wir verschiedenste Atmungsformen. Denn die Atmung reagiert auf verschiedenste Einflüsse (Siehe Bild „Regulation der Atmung"). Bei Stress oder sehr großer Anstrengung, in Schockzuständen, bei angespannter Konzentration mußt du anders atmen als in einem angstfreien entspannten Zustand oder in einem erregten Zustand der Lust. Aber auch auf Klima, Temperatur, Ernährung, Hormone, frische oder verbrauchte Luft reagiert Ihre Atemweise automatisch. Es gibt also vielseitigste Ausdrucksformen der Atmung. Grundsätzlich reguliert sich die Atmung bei einem gesunden Menschen immer von selbst, d.h. sie vefügt über eine große Bandbreite verschiedener Atmungsweisen. Sie gleicht dem Bild von Meereswellen. Diese sind je nach Strömung und Windverhältnissen immer wieder neu und anders. Nach einem Sturm beruhigen sich die vorher aufgewühlten Wellen. Problematisch wird es erst dann, wenn wir zu lange in einer Atmungsweise verharren, die auf Dauer zu physischen und psychischen Problemen führen kann. Oder diese Atmungsweise ist bereits ein Symptom für bestimmte Störungen. Wenn aber die Atmungsweise nach einem traumatischen Erlebnis, einer Krise oder Auseinandersetzung nicht nach einer gewissen Zeit in eine ruhigere und tiefe Atmungsweise führt, wenn also keine Entspannung eintritt, können sich daraus über einen längeren Zeitraum problematische Atemgewohnheiten bilden.

Eine optimale Atmungsweise

„Einen guten Riecher haben"
Sieben Gründe, warum Sie durch die Nase atmen sollen:

1. Reinigung der Luft von festen Schadstoffen durch die Nasenhaare und Flimmerhärchen.
2. Befeuchtung der Luft.
3. Erwärmung der Luft auf Körpertemperatur.
4. Vertiefung der Zwerchfellatmung. Es ist ein Fitnesstraining für die Atemmuskulatur. Durch die Nasenenge und durch mehrere Richtungswechsel innerhalb der drei Nasenmuscheln in jeder Nasenhöhle werden der eingeatmeten Luft Widerstände entgegengesetzt. Die Folge ist ein tieferes, längeres und gelenktes Ein- und Ausatmen. Schnupfen, der die Nasenatmung durch Schwellung erschwert, forciert

somit immer auch ein verstärktes Zwerchfelltraining.

5. Gefahrenabwehr. Prüfung der Luft über die Riechnerven, die tief oben in der Nasenwurzel münden, z.B. Schadstoffe, Lebensmittel, um lebensbedrohliche Gefahren schnell zu erkennen. Deswegen funktioniert dieser wichtigste Lebenssinn sogar im Tiefschlaf.

6. Ordnen der zirkulierenden Luftströme zu den Lungen

7. Anregung des Riechzentrums, des Geschmacks und Bewusstseins

80 % unseres Geschmackssinns entsteht durch Riechen

Schmecken ist ein Zusammenspiel von Mund und Nase. Im Vergleich zu den anderen Sinnen ist der menschliche Geschmackssinn relativ einfach strukturiert. Die Zunge bietet uns nur fünf Geschmackseindrücke: süß, sauer, salzig, bitter und umami. Darum entscheidet es sich auch weniger im Mund, ob uns etwas schmeckt, sondern vor allem in der Nase. Denn Geschmack ist tatsächlich zu 80 Prozent Geruch. Dort erkennen 25 Millionen Riechzellen bis zu 10.000 Düfte. Das erklärt auch, warum der Mensch den Geschmack von Speisen bei einer Erkältung kaum noch wahrnimmt. Durch den Rachen gelangen viele kleine Bestandteile der Nahrung von hinten in die Nase. Hier reizen sie die Riechrezeptoren. Deshalb ist es zwar unschicklich mit offenem Mund zu essen, für das Geschmackserlebnis aber durchaus förderlich. Die Geruchsteilchen ziehen dann besser bis zur Nase. Der Esser riecht die Speisen besser und schmeckt sie so auch intensiver.

Ein persönliches Erlebnis dazu:

Vor vielen Jahren hatte ich fast drei Wochen lang eine Anosmie, eine Geruchsblindheit. Ich konnte nichts mehr riechen. Und das mitten im Frühling, in dem alles Leben in der Natur wieder so wunderbar zu duften anfängt. Du kennst das vielleicht bei einem schweren Schnupfen. Man riecht kaum etwas für ein paar Tage. Aber ich konnte absolut nichts mehr riechen und dadurch auch nichts schmecken. Eine Allergie hatte ich auch nicht. Ich suchte nach einem Zusammenhang und Gründen. Da ich leider sehr enge Nasengänge habe und bei körperlicher Überanstrengung stark mit dichter Nase (kein Schnupfen!) und Kopf reagiere, habe ich damals heftige Dampfinhalationen gemacht, wahrscheinlich mit zu viel Heilpflanzenöl und zu heiß. Jedenfalls hat daraufhin meine Nase ihre Funktion eingestellt. Das war furchtbar. Ich wurde sehr depressiv, alles Leben war so fade geworden. Ich recherchierte in der Fachliteratur und vertraute, dass es von selbst wiederkommt. Und tatsächlich. Nach drei Wochen konnte ich eines Tages wieder riechen. Ich kann dir kaum beschreiben, was das für ein überwältigendes intensives Lebensgefühl. Total glücklich und dankbar! Ich weiß nicht, ob ich noch hier auf dieser Welt wäre und dieses Buch geschrieben hätte, wenn ich Anosmiker geworden wäre. Ich glaube nicht. Jetzt weiß ich um die immense Bedeutung des Riechsinns und darf Ihnen davon berichten.

Vertiefende Informationen dazu in „Verbesserung der mentalen Fähigkeiten" S. 18

Die Vollatmung

Hier verbinden sich Bauch- und Brustkorbatmung zu einer integrativen Atmungsweise. Optimal ist, wenn der Atemimpuls im mittleren oder unteren Bauchbereich gespürt wird und sich dann die Atmung vom Bauchraum ausgehend nach unten zum Beckenboden, aber auch gleichzeitig nach oben in den Brustkorb hinein ausweitet.

Die Basisatmung

Die Basisatmung wird auch als Bauch-, Zwerchfell- oder Tiefenatmung bezeichnet. Sie bildet die Grundvoraussetzung für jede gute Atmung. Insbesondere werden in der Basisatmung die unteren Lungenflügel, die die größten Speicher-volumen und Ausdehnungen besitzen, beatmet.

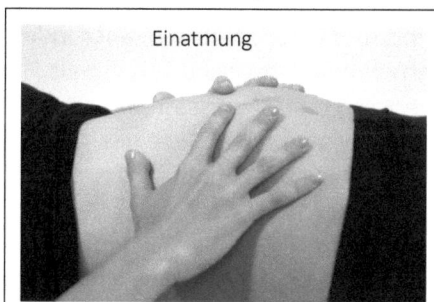 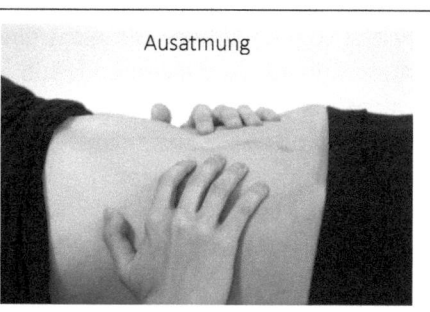

Einatmung   Ausatmung

Gesunder Atemrhythmus

Optimal ist es, wenn Ein- und Ausatemlänge mindestens gleich lang sind. Für viele Menschen ist auch der Dreier-Rhythmus sehr angenehm:
Einatem – Ausatem – Atempause.

Die Verbindung der Atemphasen

Diese Atmungsweise wird auch „verbundenes Atmen" genannt. Die Atemphasenübergänge von Einatmung zur Ausatmung sowie Ausatmung zur Einatmung werden sanft verbunden. Es gibt hier keine harte Trennung zwischen den Atemphasen. Der Atem läuft rund. Er ist kreisförmig. Dies ist eine außerordentlich tiefe Bewusstseinserfahrung, immer im Fluss zu bleiben.

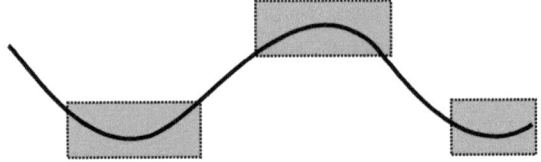

Das Frei-Fließen-Lassen des Atems

Dies ist eine der wichtigsten und tiefsten Atemübungen. Dabei beobachten Sie nur Ihre Atmung ohne sie willentlich zu beeinflussen oder beeinflussen zu wollen. In längerer Übung entdeckst du, wie sich die Atmung dann von selbst entspannt und freier fließt, so wie sie gerade will. „ES atmet", ohne dein Zutun. Ohne willentliche Beeinflussung. Es geschieht. Es ist das Anerkennen der Kraft, die das gesamte Leben steuert.

Kann man bis in die Zehen atmen?

Die direkte Atmung, der Gasaustausch, findet nur in den Lungen und Zellen statt. Also physiologisch können Sie nicht direkt bis in die Zehen atmen, aber indirekt die Atemwelle bis zu diesem Ende hin wahrnehmen. Oft wird der Atem als Fluss und als Welle erlebt und beschrieben. Wie kann man sich das nun vorstellen? Sie bestehen aus 75 % Flüssigkeit. Die wenigen festen Bestandteile wie Knochen, Sehnen, Muskeln bestimmen Ihre Form und das Ausmaß mit. Das Gewebe deines Körpers ist so flüssigkeitsreich, dass es in gewissen Grenzen deformierbar ist. Wenn du jetzt tief atmest, werden durch das Zwerchfell alle Bauchorgane verschoben und nach unten sowie in die Seiten gedrückt. Die Druckverschiebungen innerhalb dieses Körper-"Raums" werden durch die unterschiedliche Elastizität deines Gewebes begrenzt. Diese bestimmt auch weitgehend die Tiefe und Vielfältigkeit der Atembewegungen. Elastizitätsverlust des Gewebes beeinträchtigt den Ablauf der Atemwelle, die im Idealfall bis in die Beine und sogar Zehen zu spüren ist. Darum ist es so wichtig, so viele Körpermuskeln freizustellen, zu entkrampfen, damit sie sich in geeigneter Form an der Atmung beteiligen können und den Fluss, die Atemwelle, nicht hindern.

Atmungsweisen, die Sie ändern sollten

Die Mundatmung

Mundatmung ist nur als Notatmung und Hilfsatmung im Organismus vorgesehen, wenn z.B. bei größeren körperlichen Belastungen und Anstrengungen, Schnupfen oder Nasenverletzungen die größeren Luftmengen nicht schnell genug durch die Nase allein hinaus- und hineinbewegt werden können. Wird diese länger benutzt, begünstigt sie Infektionen und Entzündungen im Hals-, Bronchien- und Lungen-bereich sowie Polypenbildung in der Nase. Durch den geringen Luftwiderstand braucht das Zwerchfell wenig Arbeit zu leisten und erschlafft. Die Stimme und die geistige Konzentration werden zusätzlich beeinträchtigt.

Angestrengte Brustatmung

Sie belastet Herz- und Kreislauf, beeinträchtigt Bauchorganfunktionen und den unteren Rückenbereich. Sie sollte nur als Notatmung fungieren. Hier stellen sich möglicherweise Fragen nach dem Erdzentrierungspunkt, Verankerung an der Erde, der Intuition und des Vertrauens. Siehe Kapitel „In sich ruhen, statt außer sich zu sein" S. 82 ff.

Paradoxe Atmung

Entgegen der normalen Atembewegung wird hier der Bauch beim Einatmen ein-gezogen und beim Ausatmen herausgedrückt. Wird sie länger benutzt, ist eine starke Störung vorhanden und bedarf unbedingt therapeutischer Hilfe. Es gibt aber auch östliche Atemtechniken, die genau diese Atmungsweise in bestimmten Übungen gezielt für kurze Sequenzen einsetzen. Dies sollte jedoch nur unter fach-kundiger Anleitung geschehen.

Zu flaches atmen

Die flache Atmung ist aufgrund mangelnder Bewegung und zu viel sitzender Tätigkeit fast schon eine Volkskrankheit. Wenn dann noch zusätzlich zu wenig frische Luft im Raum ist, geht es mit Leistung und Konzentration bergab. Depressive Stimmung und Depressionen drücken zusätzlich auf die Atmung. Hier fehlt die Tiefe, die Fülle der Atmung in der Ein- und Ausatmung.

Stressatmung

Wenn die Atemruhe zwischen Ausatmung und Einatmung fehlt und die Über-gänge zwischen den Phasen zu spitz sind, handelt es sich um die Stressatmung. Sie begünstigt vielerlei Störungen.

Erschöpfungsatmung

Hier ist die Einatmungsphase länger als die Ausatmungsphase Der Ausatem fällt gestoßen in sich zusammen. Atemspannkraft (=Atemstütze) geht verloren; Stimme und Sprache werden dadurch auch beeinträchtigt. Oft fehlt die Atem-ruhe, das tiefe Loslassen – innerlich und äußerlich, ähnlich der Stressatmung.

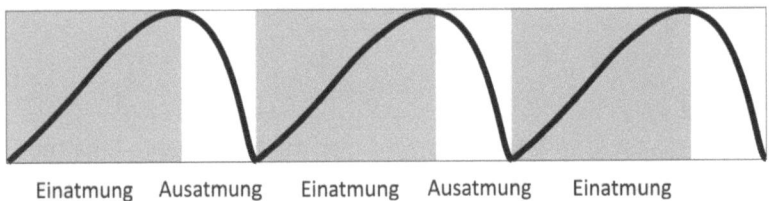

Einatmung   Ausatmung   Einatmung   Ausatmung   Einatmung

Die festgehaltene Atmung

Bei Menschen, die „in Atem gehalten" sind, ist hier die Einatmungsphase sehr viel tiefer und länger als die Ausatmungsphase. Es baut sich sozusagen ein „Druck" im Brustkorb auf. Es wird nicht mehr genügend ausgeatmet. Dies begünstigt die Entstehung von Hyperventilation, Asthma, Emphysem und Herz-Kreislauf-Problemen.

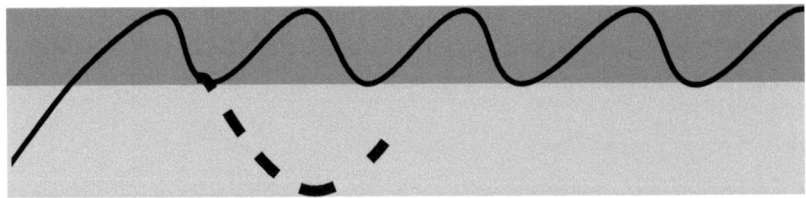

Diese Phase der tiefen Ausatmung fehlt

Hyperventilation

Ähnlich der „festgehaltenen Atmung" und „St+schalten. Siehe auch BEAP S. 69. Im Notfall kann man die „Rückatmung" vollziehen, indem der Betroffene in eine Tüte vor dem Mund dieselbe Luft ein paar Mal ein- und ausatmet. Dann verschwinden die Symptome in Kürze.

Äußere Atembedingungen

Lockere Kleidung

Besonders zu eng einschnürende Hosen, Gürtel und Hemden behindern die Atmung, weite Kleidung befreit die Atmung.

Frische Raumluft

Stündlich sollte die gesamte Raumluft größtenteils erneuert werden. Stellen Sie sich hier eine Uhr oder einen kleinen Wecker, der Sie daran erinnert. Wenn du nach einem einstündigen Walking oder halbstündigen Joggen im Freien zurück in die Wohnung kommst, wirst du neu und intensiver riechen, ob die Luft steht, stinkt oder gut ist. Leider verkümmert unser wichtigster und ältester Sinn, der Geruchssinn, zunehmend. Siehe auch „Verbesserung der mentalen Fähigkeiten" S. 18.

Die Befreiung der Atmung

Die drei Grundprinzipien für alle Übungen

Die Atmung bewegt sich im Inneren. Sie hängt sehr eng mit Ihrer Haltung, mit der gesamten Skelettmuskulatur zusammen. Siehe auch Kapitel „Atem und Background" S. 112. Je besser diese Muskulatur in einem Eutonus, d.h. in einer gesunder Muskelspannung, schwingt, desto befreiter ist Ihre Atmung. Alle Atemübungen haben das Ziel, das äußere und innere körperliche Raumerleben zu erweitern. Damit entsteht innerlich die Empfindung des „Atemraums", einer Freiheit in einer anderen Dimension. Sie finden hier eine erste kleine Auswahl von Atemübungen und Körperübungen. Zum Verständnis dieser Übungen sind folgende Grundlagen wichtig. Diese drei Prinzipien tauchen in fast allen Übungen auf:

Dehnung	Atem- und Bodyscan	Aufrichtung

Machen dich länger und größer! Dehnen, rekeln und gähnen

Richtiges genussvolles Rekeln, Dehnen und Gähnen wirkt befreiend und erfrischend. Diese natürlichen Instinkte sind lebenswichtig. Sie entstehen durch Sauerstoff- und Bewegungsmangel, reagieren auf Ermüdung in Kopf und Körper. Solche Verhaltensweisen sind nicht „knigge"-gerecht, werden als schlechte Verhaltensweisen definiert und uns aberzogen. Jedes Tier und kleine Kind dehnt sich und gähnt oft am Tage sehr genüsslich. Wie gut auch Yoga,

Stretching und andere Methoden dem Organismus tun, ist hinreichend bekannt. Dich jede halbe Stunde gut durchzudehnen und zu gähnen, ist eine wundervolle Energiespritze!

Die Wirkungen des Dehnens und Sich-Streckens:

- Reflektorische Vertiefung der Ein- und Ausatmung
- Aktivierung des Gamma-Nervensystems, das den Spannungsgrad in den Muskeln misst und neu einstellt – in eine gute Bereitschaftsspannung = Eutonus
- Lockerung der Skelettmuskulatur sowie Kiefer- und Mundverspannung
- Verbesserung der Elastizität der Muskeln, Sehnen, Bänder, Gewebe
- Erhöhung des Stimmvolumens und der Resonanz
- Abbau von Ängsten und körperlichen Verkrampfungen
- **Reduzierung von psychischem Stress**
- **Dynamisierung des Kreislaufs**

Spüre nach!

Der wichtigste Schritt zur Körperbewusstheit!

Die stille Konzentration auf die körperlichen Vorgänge und Empfindungen nach einer Übung ermöglichen dir, die tiefen „Wirkungen" wirklich zu „erfahren". Hiermit trainierst du dein Empfindungsbewusstsein, deinee Tiefensensibilität. Erst wenn du entdeckst, wie etwas wirklich in deinem Körper „nach"- „wirkt", entsteht das sogenannte Bewusstsein für deinen Körper. Gleichzeitig hat dies eine tiefe entspannende und meditative Wirkung. Deine Gedanken fokussieren sich, du verankerst dich im Hier und Jetzt. Nach jeder Übung ruhst du dich aus. Du spürst entweder im aufrechten Sitzen oder im geraden Liegen auf einer Yoga- oder Isomatte in deinen Körper hinein. Hier geht es nicht um Emotionen, sondern um die wertfreie Wahrnehmung von Empfindungen. Du scannst etwas ab, so, wie es gerade ist – wie ein Bild auf einem Scanner. Dies bedeutet, deine Gedanken und Gedankenmuster bewerten nicht, wie es sein sollte oder sein könnte oder müsste. Vielleicht spürst du am Anfang noch gar nichts oder nur wenig oder nur Schmerz. Das ist aber normal, wenn du dies erstmals machst. Mit jedem kontinuierlichen Üben machst du neue Entdeckungen. Vertiefende Information im Kapitel „Im Hier und Jetzt sein" S. 140.

Einige Beispiele:

Atemrhythmus	schnell, langsam, stockend, gleichmäßig, rund, unrund
Atemtiefe	flach, tief
Atembewegung Atemraum	mehr spürbar im Becken, im mittleren Rumpf, oberen Brustkorb oder anderen Bereichen? Welcher Körperraum hat genügend Luftbewegung und damit innere Ausdehnung, welcher Bereich weniger?
Atemfluss beobachten können -nicht willentlich steuern	Atem beobachten können ohne zu steuern: Einatem kommen lassen, den Ausatem gehen lassen und anschließend warten, bis der neue Einatem von selbst einströmt (nicht willentlich holen)
Körpergewicht	schwer, leicht, bleiern, schwebend
Temperaturgefühl	warm, kalt , frisch
Durchblutung	kribbelnd, pulsierend, stauend, fließend
Lichterleben	hell, dunkel
Farben	erschiedene Farben erlebbar
Seitenvergleich	linke Seite im Vergleich zur rechten Seite mit allen hier aufgeführten Spürparametern
Länge	kürzer, länger
Breite	schmaler, breiter
Spannung	Spannungsgefühl in den unterschiedlichen Körperbereichen
Vorder- und Rückseite	Wie fühlen sich beide Seiten im Vergleich an

Die Wirkungen des Atem- und Bodyscan

- Entspannung der Atmung
- psychovegetative Entspannung
- Verbesserung der Tiefensensibilität
- Bessere Durchblutung gezielter Körperbereiche, Organe, Muskel- und Knochensysteme
- Körperbewusstsein / Impulswahrnehmung: Signale und Alarmsignale werden schneller erspürt und erkannt, die Sprache des Körpers verstanden und entsprechend ausgleichend reagiert
- Verbesserung der Konzentration durch Unterbrechung des Gedanken- hamsterrades
- Stärkung des Immunsystems

Finde zu deiner Größe! Richte dich auf und nicht ab!

Nur durch die körperliche Aufrichtung konnte der Mensch seine vielfältigen Fähigkeiten und auch seine Intelligenz entwickeln. Die Aufrichtung bietet die optimale Voraussetzung für die Atmung. Sie hängt zum größten Teil mit dem Rückgrat, dem Grat auf und mit dem wir wandern, zusammen. Zur Vertiefung dieses wichtigen Themas siehe auch Kapitel „Rückgrat erwünscht – der Grat auf dem wir wandern" S. 122. Wenn du dich im Sitzen oder Stehen gut aufrichtest, bist du „im Lot". Dies ist die optimale Verbindungslinie zwischen Himmel und Erde. Damit minimierst du Erdanziehungskraft. Nichts kann dich dann wirklich runterziehen, auch psychisch. Diese Haltung ist ebenso Grundlage vieler Achtsamkeits- und Meditationsweisen. Sie nur durch äußere Muskelkraft zu erzeugen, reicht nicht. Sie wirkt aufgesetzt. Eine aufrechte Haltung trägt auf Dauer nur, wenn sie sich auch von innen her entwickelt. Je mehr du deine Atmung kennenlernst und verbesserst, desto mehr wirst du von innen her einen Drang verspüren, diese anfangs teilweise willentliche Aufrichtung auch beizubehalten.

Die Wirkungen der Aufrichtung

- bestes und größtes Atemvolumen
- größtes Bewegungs- und Entfaltungspotenzial
- optimale Stimmentfaltung
- optimaler Körperschwerpunkt
- optimale Übersicht durch höheren Standpunkt/weiteres Sichtfeld
- optimale körperlich-mentale-seelische Kraftschöpfung
- optimale (Körper) Präsenz
- bessere mentale Konzentration

 **Essenzübung zu den Übungsgrundlagen**
Dehnen, Atem-/Bodyscan und zur Aufrichtung
Dauer: 6 Minuten

Am Beispiel dieser einfachen, aber tief wirksamen Übung erhältst du eine Richt-schnur für alle weiteren Übungen.

1. Atem- und Bodysan 2 Minuten

Setz dich jetzt auf Ihrem Stuhl oder Hocker mit dem Po an den Stuhlrand, der mindestens untere Knierandhöhe besitzt und dessen Sitzfläche ganz plan oder sogar schräg nach vorne gekippt ist. Die Kniesessel sind nur eingeschränkt zu empfehlen. Benutze auch gerne ein Keilkissen. Es unterstützt dich in der Aufrichtung und entlastet deine Lendenwirbelsäule. Dies erhaltst du in jedem Schaumstoffhandel, Online oder auch im Orthopädiefachhandel. Deine Oberschenkel hängen frei nach unten. Deine Füße sind fest am Boden. Spüre durch den Körper hindurch von unten nach oben, wie du sitzt, welche Stellen etwas verspannt oder verkrampft sind, welche Stellen entspannt sind und sich gut anfühlen. Spüre auch, wie du in diesem Augenblick atmen. Einfach nur wahrnehmen, nichts bewerten, sondern nur annehmen, wie es in diesem Moment gerade ist.

2. Dehnen 2 Minuten

Fange nun an, den gesamten Körper gut zu durchdehnen, zu strecken, zu rekeln und auch befreiend zu gähnen. Dehne und strecke deine Füße, Fußgelenke, Knie, Beine, Finger, Hände, Arme, den gesamten Rücken, Hals, Kopf. Mach dies mindestens zwei Minuten lang. Im Sitzen und im Stehen. Wie atmest du in diesem Augenblick?

3. Aufrichtung und Atem-/Bodyscan 2 Minuten

Komm zurück in die Ausgangslage. Spüre jetzt auf dem Hocker oder am Stuhlrand sitzend in aufrechter Haltung nach. Wie geht es deiner Atmung? Wie deinem Körper? Sind die selben Verspannungen noch da? Was hat sich verändert? Genieß diesen Augenblick der Ruhe, entspannt und aufgerichtet in neuer Präsenz, wie du ganz in deinem Körper ankommst und dich tief verankerst.

Acht weitere Übungen für den Alltag:

Probiere alle Übungen. Nutze den beiliegenden Kontrollbogen am Ende des Buches zur Auswertung, um die für dich wichtigen Übungen auszuwählen. Mach Kopien davon. Zusätzliche Übungen in Teil II des Buches

1. Mundhöhle öffnen –
das Gähnen üben

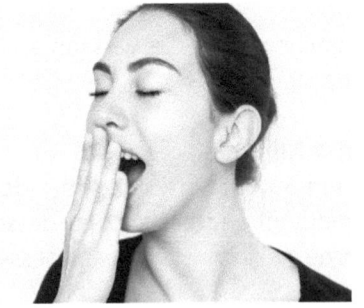

Absolut befreiend und entspannend ist das Gähnen. Massiere intensiv rechts und links an den Wangen am Kiefergelenk den Kaumuskel. Er ist der stärkste Muskel des gesamten Körpers! Öffne ganz langsam den Mund. Spüre, wie der Raum deiner Mundhöhle immer größer wird, bis in den Rachenraum hinein. Lass den Mund weit offen, bis der Reflex zum Gähnen oder Schließen kommt. Mach das mehrere Male, spüre auch die Luft, die durch diesen Raum fließt. Es kann sein, dass du sogar anschließend noch mehrere Male automatisch gähnen müssen. Genieße es! Spüre zum Schluss in Ruhe nach, wie dich fühlst. Gähnen lockert vor allem verspannte Gesichts-, Nacken- und obere die Brustkorbmuskulatur, sie intensiviert außerdem die Vollatmung. Lerne wieder befreit zu gähnen! Anschließend führ den Atem- und Bodyscan durch.

2. Hecheln

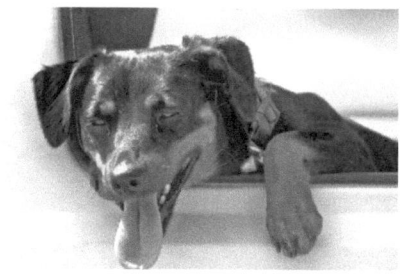

Du kennst es von Hunden und anderen Tieren. Tiere nutzen es zusätzlich als Kühlaggregat. Hecheln ist direktes Zwerchfelltraining, absolut und schnell wirksam. Beim heftigen Lachen oder Weinen erlebst du ganz ähnliche erschütternde Zwerchfellbewegungen. Das Zwerchfell tanzt! Und hinterher fühlst du dich wie neugeboren. Hecheln ist eine wunderbare Übung, um dich wieder zu beleben und zu zentrieren. Siehe auch S.16 „Aktivierung und Massage aller inneren Organe". Setz dich aufrecht hin, lege die Hände auf die Magengegend. Hechele zunächst durch die Nase, indem du die Luft stoßweise schnell ein- und ausatmest. Zwischendurch mußt du vielleicht Luft holen bzw. neu einatmen, wenn du es noch nicht gewohnt bist kurz zwischenzuatmen. Spüre, wie schnell sich dein Zwerchfell rhythmisch hin und her bewegt, dein Bauch sich im Rhythmus rein- und rausbewegt. Mach immer zwischendurch eine kurze Pause, spüren nach, wie tief und frei du anschließend atmest. Dann hechel noch einmal, aber dieses Mal durch den offenen Mund. Anschließend führe Atem- und Bodyscan durch.

3. Flanken dehnen

Der Brustraum vergrößert sich bei der Brustatmung. Er dehnt sich während der Atmung etwas seitlich, nach vorne und auch nach hinten aus. Viele Menschen halten ihre Oberarme zu dicht am Körper. Die Achselhöhlen sind eingeklemmt. Im Sitzen oder Stehen nimm einen Arm über den Kopf und dehn genüsslich eine Körperseite. Verweile 1 Minute in dieser Stellung. Dann nimm den Arm wieder runter. Spüren nach. Leg die gegenüberliegende Hand in die Achselhöhle. Spüre auch wieder nach. Vielleicht merkst du, wie sich mit jedem Atemzug auch die Hand und der Brustkorb bewegt, ebenso 1 Minute lang. Nimm die Hand wieder weg und vergleiche die gedehnte Seite und Achselhöhle mit der anderen ungedehnten Seite. Dann mach es mit der anderen Seite genauso.

Deine Seiten bzw. Flanken stehen körpersprachlich für das Miteinander, das Nebeneinander, das, was nicht vor oder hinter dir steht, sondern neben dir passiert. Das Miteinander-Schunkeln, in den Armen rechts und links eingehakt, dehnt und lockert den festgehaltenen Brustkorb, macht weicher und gelassener, rhythmisiert und vertieft die Atmung. Es schafft Gemeinschaftsgefühl auch ohne Alkohol. Anschließend Atem- und Bodyscan durchführen.

4. Schultern hochziehen – runterlassen

Zieh deine Schultern bis zu den Ohren hoch. Halte diese verspannte Haltung für einige Augenblicke. Spür genau, wo und wie diese Anspannung die Atmung und Muskeln blockiert. Schließe die Augen und lass jetzt die Schultern in Zeitlupentempo millimeterweise zurücksinken. Je langsamer du dies machst, desto intensiver die befreiende Wirkung! Spüree zum Schluss, wie die Schultern ganz frei hängen können und wie dies deine obere Atmung befreit.
Anschließend führe Atem- und Bodyscan durch.

5. Dampf ablassen, wenn der Kessel zu voll ist

Ist der Kessel zu voll? Könntest du manchmal platzen? Etliche Menschen joggen dann erst einmal eine Runde oder hacken Holz hinter dem Haus. Etwas herauszuschreien ist auch eine gute Methode. Im Auto, Wald oder freien Feld geht das noch, aber ansonsten sind die Möglichkeiten in der Öffentlichkeit begrenzt. Ausatmen ist angesagt! Singen wirkt auch Wunder! Viele Chorteilnehmer können ein Lied davon singen, wie gut es ihnen jeweils nach Chorproben oder Auftritten geht. Wenn all das nicht möglich ist, atme jetzt tief ein und forme den Luftstrom im Ausatmen durch die Lippen zu einem langen „Bbfffff". Du lässt nun den Dampf ganz gezielt ab. Du formst und bündelst diesen Energiestrahl. Falls du zuhause bist oder draußen alleine in der Natur, stampfe im Ausatem richtig fest auf Boden auf. Wie im Kampfsport. Du kannst auch deine Arme und Hände in der Ausatmung dazu nehmen und nach unten oder in den Raum hinein schlagen, am besten stimmbegleitend mit einem „HU", „HA", „Tscha", „Tschakka" und ähnliches.
Anschließend führe den Atem- und Bodyscan durch.

6. Stress abschütteln

Stell dich auf deine Füße. Fange an, leicht von den Fußgelenken aus zu wippen und zu federn. Lass die Bewegung weich durch die Fuß-, Knie-, Hüftgelenke, über die Wirbelsäule bis zum Kopf durchschwingen. Deine Arme und Schultern hängen schlaksig herunter, entspann den Mund und Kiefer. Schüttel mit der Ausatmung alle Verspannungen ab. Du kannst auch stärker schütteln und das Federn zu leichtem Springen ausweiten.

Anschließend führe Atem- und Bodyscan durch.

> *Im Atemholen sind zweierlei Gnaden:*
> *Die Luft einziehen, sich ihrer entladen;*
> *Jenes bedrängt, dieses erfrischt;*
> *So wunderbar ist das Leben gemischt.*
> *Du danke Gott, wenn er dich preßt,*
> *Und dank ihm, wenn er dich wieder entläßt.*
>
> Johann Wolfgang von Goethe

7. Erfrischende Atembalance- und Energieübung (EAB)

Eine harmonisierende Übung, die du in deinem Alltag, wie das Zähneputzen, einschließen solltest. Du atmest jeweils durch die Nase ein und aus. Als Variation kannst du auch durch die Nase ein und durch die Lippen auf leichtem „bfff" ausatmen. Ausgangslage: Aufrechter Stand.

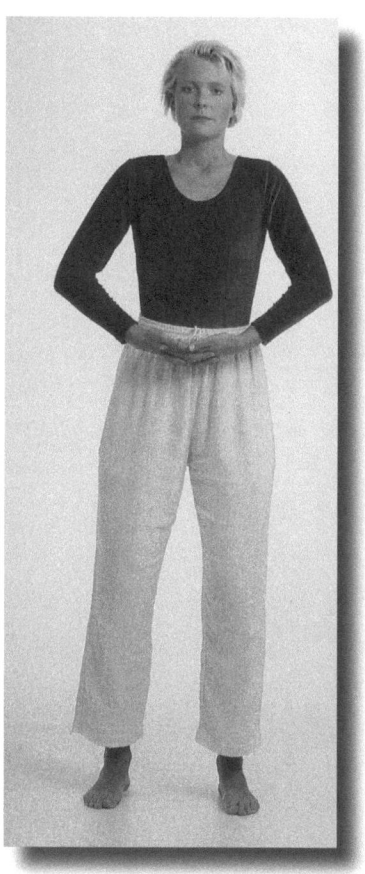

1 - Einatemphase

Die Hände sind in Höhe des unteren Bauchs mit den Fingern ineinander verschränkt. <u>Die Handinnenflächen zeigen nach oben.</u> Die Hände wandern während der Einatmung langsam nach oben bis zur Mitte des Brustkorbs.

↑

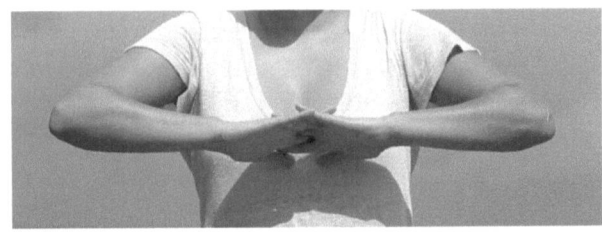

2 - Ausatemphase

<u>Du drehst die Hand-
innenflächen um,</u> so dass sie
nach unten zeigen. Arme und
Hände dehnen sich langsam
bis zum untersten Punkt aus.

3 - Einatemphase

Arme und Hände bleiben gedehnt und
wandern langsam von unten im großen
Kreis nach außen hoch bis über den
Kopf. Du dehnst dich immer mehr in die
Höhe. Jetzt bist du am höchsten Punkt
der Ausdehnung und größten Einatmung angelangt.

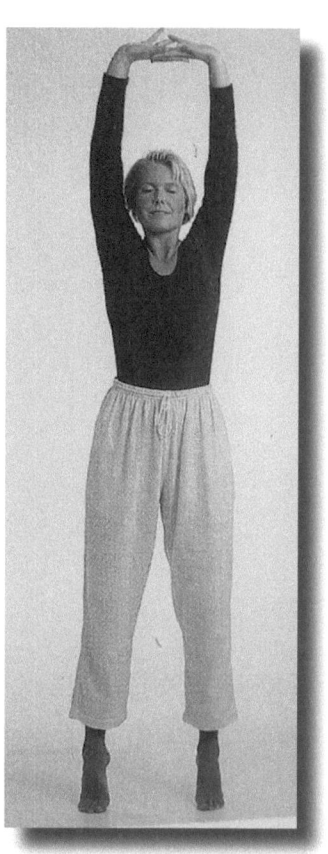

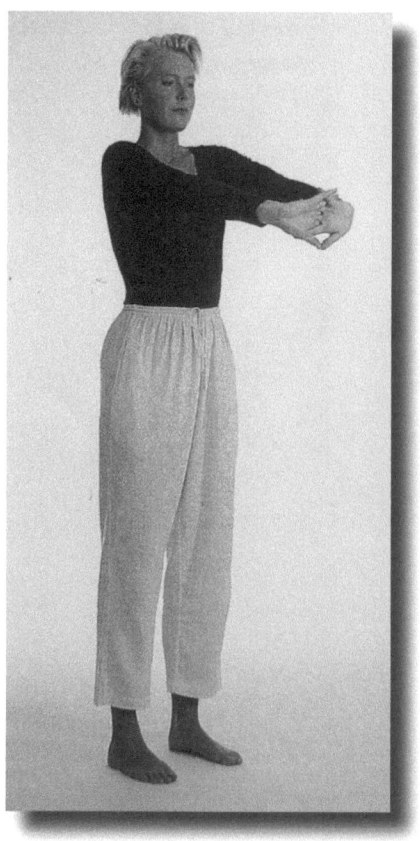

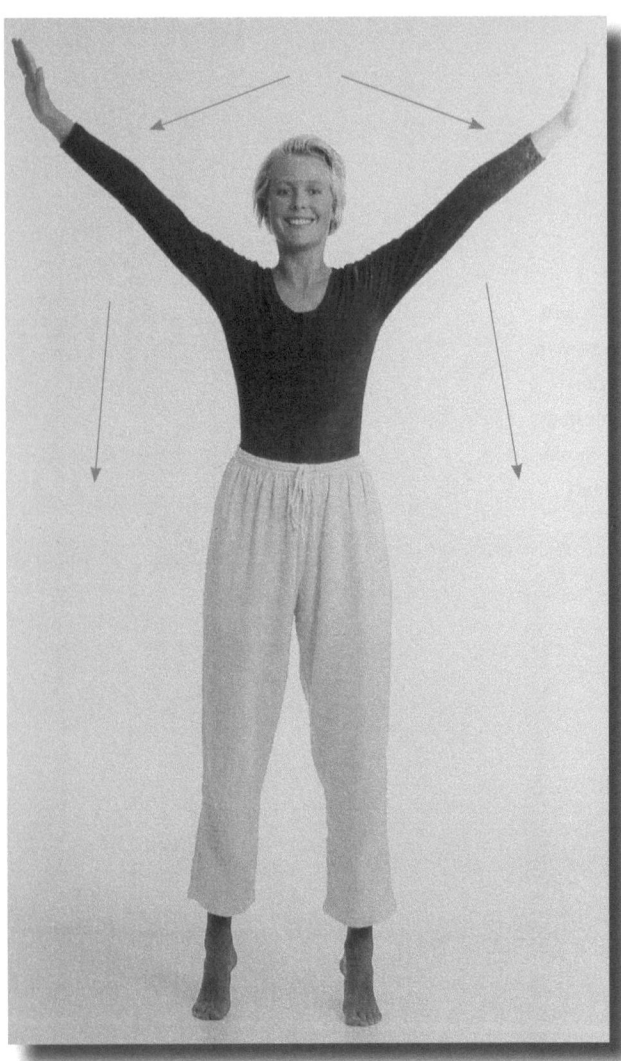

4 - Ausatemphase – erlösende Öffnung

Deine Hände lösen sich und wandern während der Ausatmung seitlich langsam nach außen und nach unten zurück. Den Luftstrom formst mit den Lippen zu einem weichen langen „bfffff" geformt.

Gesamte Übung 4 x wiederholen.

Zum Schluss Atem- und Bodyscan durchführen.

8. Nasenwechselatmung

Eine wundervolle Übung zur eigenen Zentrierung und Konzentrationssteigerung. Im Yoga heißt sie „Nadi Sodhana Pranayama". Verschließe mit dem rechten Ringfinger sanft dein linkes Nasenloch. Atme zum rechten Nasenloch ein. Anschließend verschließe mit dem rechten Daumen das rechte Nasenloch und atme durch das linke aus. Atme dann wieder im linken Nasenloch ein und rechts aus. Der Wechsel des Verschließens eines Nasenlochs geschieht also immer nach der Einatmung. Atme immer gleichmäßig ein und aus.
Anschließend führe Atem- und Bodyscan durch.

Wichtige vertiefende Übungen zur

- Bauchatmung
- Rückenatmung
- Atmung in der Meditation
- Atmung in der Bewegung

findest du in Teil 2 des Buches (S.84)

Atembehandlung /Atemmassage

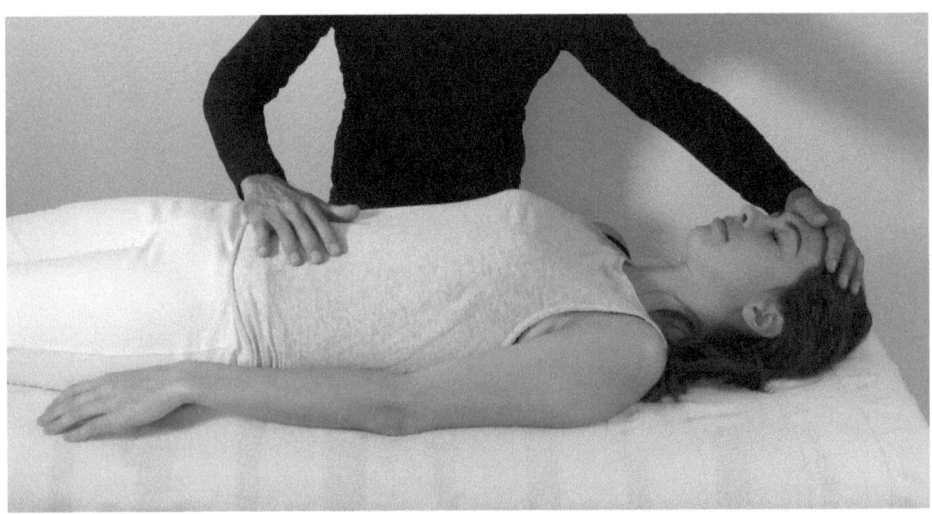

Die Atembehandlung/Atemmassage ist eine eigenständige, interdisziplinäre Erfahrungs- und Therapieform. Dabei wird die Atmung nicht nur auf ihre biologische Funktion des Atemsystems begrenzt, sondern sie wird als Ausdruck einer Gesamtverfassung des Menschen betrachtet. Grundlage der Atembehandlung/Atemmassage ist die Berührung, die Fähigkeit des Menschen zum Anfassen und Berührtwerden. Die klassische Atemmassage wurde in den 20er Jahren von dem Arzt Dr. Ludwig Johannes Schmitt entwickelt. Sie ähnelt äußerlich der konventionellen Massage, reicht aber weit über deren mechanische und reflektorische Wirkung hinaus. Ziel ist die Förderung und Unterstützung des freien Atemflusses. Heute finden sich durch die Weiterentwicklung etlicher Atemschulen und Atemlehren verschiedene Ansätze und Sichtweisen der Herangehensweise innnerhalb der Atembehandlung und Atemmassage, so z.B. auch in der Atemarbeit und Atemmassage nach Prof. Ilse Middendorf.

Heilende Berührung

Die Atembehandlung/Atemmassage wird mit den Händen ausgeführt. Hände sind unsere stärksten Ausdrucks- und Schaffensorgane – hochentwickelte Werkzeuge, die in der Natur nach ihresgleichen suchen. Hände können heilen helfen. Im Wort ‚Behandlung' steckt das Wort ‚Hand'. Eine Behandlung ist ursprünglich immer ein

Tun mit den Händen. Das Handauflegen ist eine der ältesten Heilmethoden über-haupt und kommt im Rahmen unterschiedlichster alternativ- und komplemen-tärmedizinischer Heilverfahren zur Anwendung. Neben dem wärmenden, ent-spannungs- und durchblutungsfördernden Effekt vermittelt es soziale Nähe und wirkt dadurch beruhigend und vertrauensbildend. Berührung ist lebenswichtig, mehr noch – überlebenswichtig! Denn unser drittes großes Kommunikationsorg-an ist neben dem Darm (300 - 400 qm) und der Lunge (80 - 120 qm) unsere Haut mit einer Oberfläche von 2 qm. Und auch die Haut atmet, sogar 2 % des gesamten Atemsystems. **Haut will berührt werden und berührt sein. Denn das Berühren ist die erste Sprache, mit der wir auf dieser Welt in Kontakt kommen. Sie bleibt auch während des Lebens die reichste Ausdrucksform.** Viele Studien wie u.a. auch des „Touch Research Institute" an der „University of Miami" zeigen: Früh-geborene, die möglichst oft für längere Zeit mit direktem Hautkontakt auf der Brust der Eltern liegen oder täglich mit System gestreichelt werden, haben höhere Überlebenschancen. Die Reize auf der Haut fördern die Entwicklung des Gehirns und die Ausschüttung von Wachstumshormonen. Das völlige Fehlen liebevoller Berührungen dagegen verzögert nicht nur die Entwicklung und verursacht see-lische Schäden, sondern kann sogar zum Tode führen. Neuronal löst Berührung in unserem Kopf ein Signalfeuer aus. (GEO 09/2009) Die Hautnerven senden Befehle ans limbische System – ein archaisches Hirnareal, das unterbewusst arbeitet. Dort stellen Drüsenzellen einen Cocktail körpereigener Dro-gen her und schütten sie in die Blutbahn, wodurch wei-tere Botenstoffe produziert werden: Endorphine und Hormone, etwa Oxytocin, die Stress abbauen, das sozi-ale Bindungsgefühl steigern,

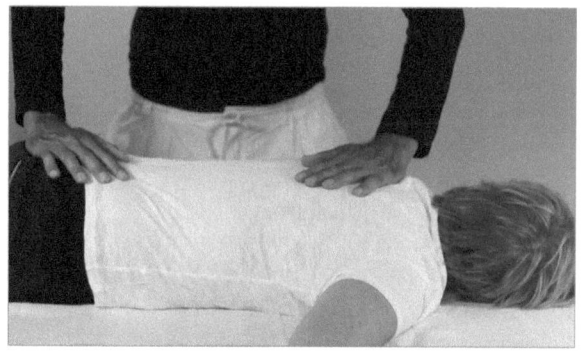

uns sexuell erregen. Hirnregionen für depressive Stimmungen werden deaktiviert. Je nach Form der Berührungsstimulation – beruhigend oder anregend – atmen wir flacher oder tiefer, unser Herz schlägt langsamer oder schneller, der Körper heizt sich auf oder kühlt sich ab. Ebenso gibt es wissenschaftliche Studien, die beweisen, dass durch Berührung und mit Berührungsritualen, z.B. im Sport, die Leistungen und der Teamgeist verbessert werden.

Die Berührung und Wirkungen in der Atembehandlung/Atemmassage

Diese geschieht meistens auf lockerer Kleidung des Klienten, nicht direkt auf der Haut. Sie orientiert sich am Ausdruckscharakter des Atems. Äußerlich finden sich Druckpunktarbeiten, Dehnungen, Streichungen, auch teilweise Klopf- und Schüttelbewegungen. Nach aktivierenden, zentrierenden oder lösenden Griffen ruhen die Hände des Behandlers äußerlich scheinbar bewegungslos auf bestimmten Stellen des Körpers des Klienten. Der Klient hat nun Zeit, die Wirkungen der vorherigen Griffe nachzupüren, d.h. achtsam in bestimmte Stellen hineinzuspüren. Die „Freischaltung" dieser Sinneswahrnehmung im Gehirn, um damit dem Erleben bewusst zu werden, braucht einige Zeit. Es beruht auf der Wirkungsweise des bereits beschriebenen Atem- und Bodyscans. Die Hände des Behandlers dienen dazu, die eigenen Körper- und Atemstrukturen in bestimmten Bereichen genauer und tiefer zu erleben. Innerlich entsteht eine größere Raumausdehnung, die sog. „Atemräume". Der Klient erlebt dies als eine tiefe körperliche Entdeckung und Befreiung. Damit öffnen sich gleichzeitig neue Räume – auch mental, emotional, geistig. Er kommt in sich an, in seiner inneren Fülle und Lebendigkeit. Dies führt zu tiefem Selbstvertrauen, zu innerer Stabilität.

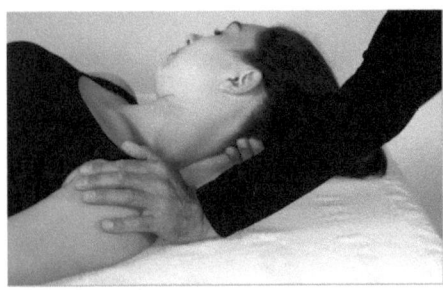 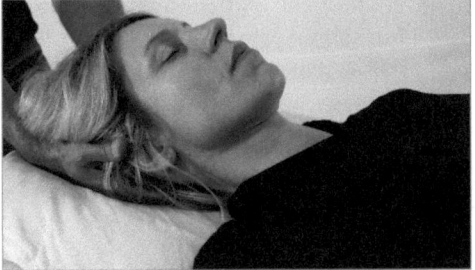

Die Atembehandlung/Atemmassage wirkt über die rein mechanische oder reflektorische Beeinflussung des respiratorischen Systems hinaus auf die supraspinalen Regulationsmechanismen des Gesamtverhaltens des Menschen. Sie gehört zu denjenigen Therapieformen, die die Selbstregulation und Selbstheilungskraft des Patienten ansprechen. Ziel ist eine Spannungsregulation der Muskulatur und – wie bereits erwähnt – das „freie Fließen" des Atems. Von diesem erstrebenswerten, idealen Ausgangspunkt aus kann sich der Klient mit Leichtigkeit in die Entspannung oder in die Aktivität begeben. Der Atempädagoge oder Atemtherapeut muss dabei nicht nur spezielle Techniken der Atemführung und Atemmassage beherrschen. Er braucht zusätzlich insbesondere eine hohe Einfühlungs- und Wahrnehmungsfähigkeit, um unterschiedliche Abwehr- oder Zuwendungsreaktionen auf taktile Angebote zu erkennen. Denn die direkte Berührung ist immer eine Berührung an Leib und Seele. Es erfordert große Erfahrung und Rollendistanz des Behandlers. Die Atembehandlung/Atemmassage ist vorwiegend eine nonverbale, kommunikative Form der therapeutischen Atemführung, die den Patienten als aktiven Partner anspricht. Für Krankengymnasten, Krankenschwestern und Pfleger, Bewegungstherapeuten, Masseure, Heilpraktiker, Trainer, Lehrer, Fitnesstrainer, Coaches, ja sogar Ärzte und Psychotherapeuten kann sie als ergänzende Fortbildung in ihren bisherigen Tätigkeiten und Praxen sehr nützlich sein.

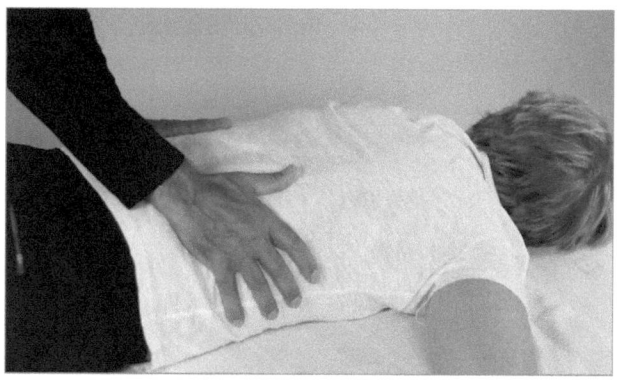

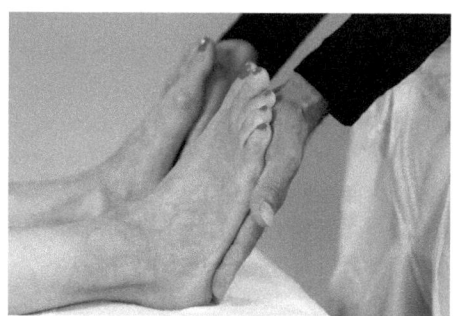 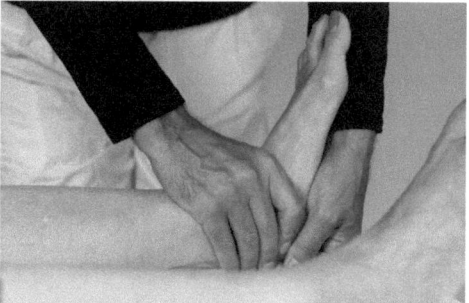

Ergänzende Methoden in der Atembehandlung/Atemmassage von Vorteil

Nicht immer ist der Klient oder die Klientin durch eine Atembehandlung/Atem-massage erreichbar. Es braucht im direkten Körperkontakt großes Vertrauen, bis sich der Klient in die Tiefe einer solchen Behandlung einlässt. Hin und wieder gerät dies ins Stocken. Das ist ein ganz natürlicher Prozess. Um diese unbewussten Reaktionen zu verstehen und aufzuarbeiten, nutze ich je nach Situation zusätzlich verschiedene Methoden und biete sie in Absprache an: Des Coachings, der Körperpsychotherapie, der RET - Rational-emotiven Therapie, der Gesprächstherapie, der Körpersprache, Gestalttherapie, Verhaltenstherapie, Aufstellungen sowie nonverbale Methoden, z.B. das freie Malen oder mit Tonerde zu gestalten. Denn gerade die Arbeit am Atem fördert tiefe wichtige Informationen und Kreativität aus dem Unbewussten nach oben, die es im Bewusstsein zu filtern und zu ordnen gilt. Transparenz für alle Schritte meiner Behandlungsweise sowie die Einwilligung, Eigenverantwortung und Mitbestimmung des Klienten sind absolutes Gebot.

 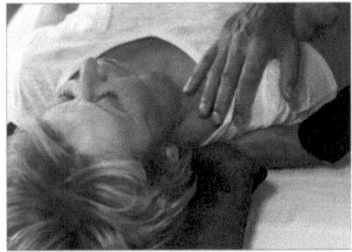

Kontraindikation
Die Atembehandlung/Atemmassage sollte nicht bei Psychose, Schizophrenie, Manie, schweren Persönlichkeitsstörungen, bei akuten Suchtproblematiken (Alkohol, Drogen, Tabletten) sowie bei akuten schweren Entzündungen durchgeführt werden. Grundsätzlich müssen vor der ersten Behandlung mögliche weitere Störungen und Krankheitsbilder erfasst werden, um gegebenenfalls eine Atem"therapie" nur in Absprache mit dem entsprechenden Arzt oder Therapeutendurchzuführen, z.B. bei Osteoporose, Hautkrankheiten, im ersten Drittel einer Schwangerschaft, Fibromyalgie und Tumoren.

Bericht eines Fallbeispiels:

Eine angestellte Apothekerin kam aufgrund eines Hyperventilationsproblems zu mir. Sie berichtete, dass sie einmal auf der Straße für kurze Zeit zusammengebrochen und kurz bewusstlos gewesen war. Sie wusste, dass sie hyperventiliert hatte. Medizinisch lagen aber keine Befunde von anderen möglichen Ursachen und Störungen vor. Aufgrund dieses Erlebnisses hatte sie sehr viel Angst, dass dies wieder passieren könnte. Sie erkannte die Hyperventilation sehr schnell an den Symptomen des Fingerkribbelns – beginnende Krampfzustände in den äußersten Punkten der Extremitäten. Inzwischen hatte sie auch immer eine Plastiktüte dabei, um bei beginnenden Anzeichen von Hyperventilation die Rückatmung zu vollziehen (siehe S. 43). Man atmet dabei die Luft in eine Plastiktüte aus und dieselbe verbrauchte Luft wieder ein – für einige Atemzüge. Mehr nicht. Die Angst und Panik vor einem erneuten Erlebnis, wie damals auf der Straße, begünstigte zusätzlich ein solches Hyperventilationssyndrom. Für mich war dies der erste Fall mit einer solchen Symptomatik. In der ersten Stunde der Behandlung tauchte das Symptom auf und sie bat um ihre Plastiktüte, die ich ihr dann gab. Sie vollzog die sog. „Rückatmung". Die Sympotme verschwanden. Anschließend konnte ich weiterbehandeln. Doch schon in der 2. Behandlung kam es zu einem Erlebnis, dass sie vollkommen von der Hyperventilation und ihren Ängsten befreite und heilte. Nach zehn Minuten der Behandlung tauchte wieder das Symptom in den Fingerspitzen auf. Doch dieses Mal bot ich ihr an, es auszuhalten und innerlich eine Reise durch den Arm zu den Fingerspitzen zu machen – also bildlich innerlich durch den Arm von oben bis zu den Fingerspitzen zu wandern. Ich merkte, dass sie auf diese Methode sofort ansprach. Es war für einige Minuten ganz still geworden. Sie war in tiefer innerer Arbeit. Ich fragte sie, was in ihr vorgehe und ob sie evtl. Bilder sähe. Ängstlich wisperte sie, sie stünde vor einem Loch. Sie hatte sehr viel Angst und blieb davor stehen. Ich fragte, was sie sehe, höre, fühle. Je mehr ich sie in diese konkrete Sinneswahrnehmung führte, verschwanden langsam auch die Ängste. Sie beschrieb die Umgebung jetzt genauer, es sei sehr glitschig dort und dunkel. Es sei irgendwie gefährlich. Sie beschrieb auch den Geruch u.a. Ich fragte, ob es eine Leiter gäbe oder etwas anderes zum Festhalten. Lange Pause. Dann sagte sie, sie sei jetzt unten auf dem Boden in dem Loch. Es sei sehr dunkel. Ich gab ihr Mut und forderte sie auf, ihre Augen anzustrengen und genau zu schauen, ob sie irgendetwas entdecken könnte. Lange Pause. Plötzlich sagte sie, sie würde einen Tunnel sehen und ganz am Ende sei ein Licht. Ich forderte sie auf, dort hinzugehen. Nach ca. zwei Minuten dehnte und rekelte sie sich plötzlich durch ihren ganzen Körper hindurch, sie sprang freudestrahlend förmlich von der Behandlungsliege und sagte, es ginge ihr noch nie so gut, wie jetzt gerade. Sie war vollkommen präsent und wach. Sie hatte nun selbsterlebt, wie sie es eigenständig schaffte, aus der Hyperventilation auszusteigen und sich dabei noch total wohl zu fühlen. Wir hatten nach dieser Sitzung noch fünf weitere Behandlungen. Die Hyperventilation tauchte nie mehr auf in ihrem Leben, wie sie mir Jahre später berichtete. Auf die vielen weiteren Aspekte, die solche Bilder an Interpretionen und Interventionen eröffnen, möchte ich hier aufgrund des begrenzten Umfangs dieses Buches nicht weiter eingehen.

Wirkungen der Atemmassage / Atembehandlung / Atemcoaching

Die Atembehandlung / Atemmassage eignet sich nicht nur hervorragend zur Prävention, zur Persönlichkeitsentwicklung und Verbesserung körperlich-seelischer-geistiger Fitness, sondern hilft ebenso viele somatische und psychosomatische Störungen und Beeinträchtigungen zu reduzieren und auch zu heilen.

Sie unterstützt Sie dabei

- die eigene Atmung grundlegend zu optimieren
- das Herz-Kreislauf-System, den Verdauungstrakt und alle Drüsenfunktionen zu regulieren, das Immunsystem zu stärken
- mehr körperliche Vitalität und Leistungskraft zu entfachen
- die Beweglichkeit und das Koordinationsvermögen zu verbessern
- die Heilung von Krankheiten und Störungen zu beschleunigen
- die Körperpräsenz und die Körpersprache zu verbessern
- sich zu erden, Boden unter den Füßen zu gewinnen
- sich schneller und tiefer zu entspannen
- gedankliche Ruhe, Zentrierung und Übersicht zu gewinnen
- auch körperliche Schmerzen i.S. einer ergänzenden Schmerztherapie zu bewältigen und zu reduzieren
- viele neue kreative Potenziale und die Leichtigkeit des Seins zu entdecken
- unverarbeitete Erlebnisse und unbewusste Persönlichkeitsanteile wirksam zu integrieren
- wichtige Probleme gelassener, souverän und selbstbewusst zu lösen
- Entscheidungen in tiefer Klarheit zu treffen
- sich im Hier und Jetzt, in die Gegenwart einzubinden und zu fühlen
- mehr Achtsamkeit im Alltag zu gewinnen und im Hier und Jetzt zu leben
- innere Kraft, Energie, Präsenz und Vitalität aufzubauen
- sich selbst anzunehmen und mit sich ins Reine zu kommen
- mehr Resilienz zu entwickeln
- mehr Selbstverantwortung und Selbststeuerung zu gewinnen
- mehr Selbstvertrauen und Selbstbehauptungsfähigkeit aufzubauen
- mehr Mitgefühl zu sich selbst und anderen zu entwickeln
- Herzensliebe zu spüren
- Dankbarkeit zu fühlen und zu zeigen
- langwierige Dramaturgien aufzulösen
- individuelle persönliche All-Eins-Erfahrungen zu machen, zu erleben und zu genießen, unabhängig und frei von Religionsrichtungen und Dogmen
- gewünschte Veränderungen ergebnisorientiert einzuleiten und umzusetzen

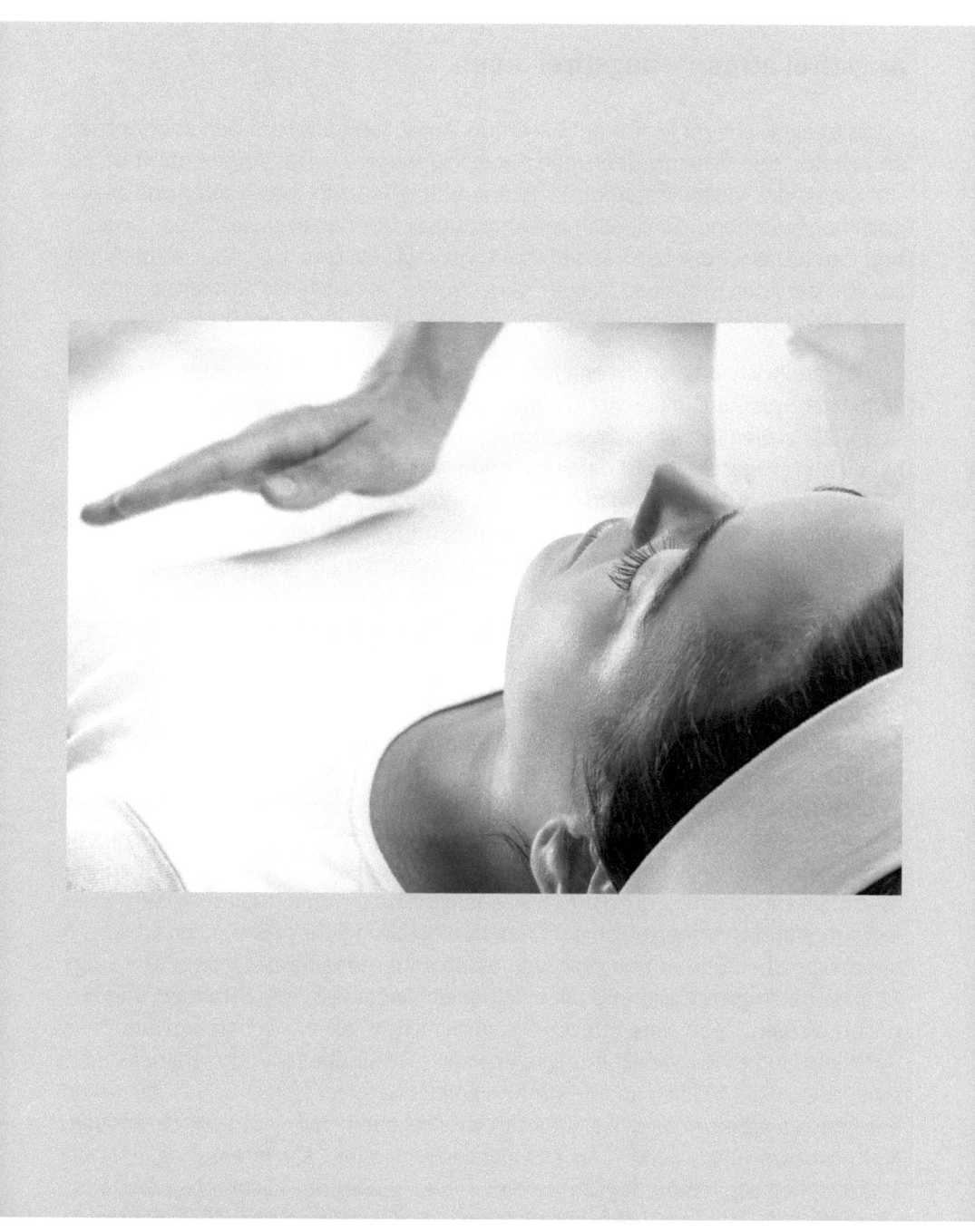

Angstfrei atmen – angstfrei leben

Angst ist ein wichtiger Motor der Evolution. Angst kann uns hemmen oder Antrieb und Motor sein, Mut zu üben und Neues zu wagen. Unser Angstsystem ist oft stärker als das Vernunftsystem. Es ist menschheitsgeschichtlich älter und biologisch höher stehend: Schließlich soll Angst unser Überleben sichern. Die Vernunft sagt dann: Das wird schon wieder. Die Angst sagt: Pustekuchen. Wer seine Angst am effizientesten reduziert, steigert seine Würde, seine Menschlichkeit, entmachtet strafende und belohnende Gottheiten zur Bedeutungslosigkeit.

Angst (lateinisch: angustus = eng) ist auf körperlicher Ebene immer eine Enge, zuerst in der Brust und in den Atemwegen. Wir halten die Atmung an, uns stockt der Atem. Wir atmen fast gar nicht mehr oder nur ganz flach oder wir sind in Atem gehalten – wie zugeschnürt. Ist der Schock oder die angstauslösende Situation vorbei, müssten wir naturgemäß wieder richtig „aufatmen" und durchatmen, so wie es alle Tiere auch tun. Wirklich existenzbedrohende Ängste gibt es in unserer satten und abgesicherten Kultur nicht mehr. Uns begegnen keine Säbelzahntiger oder Ungeheuer, die uns wirklich bedrohen und töten können. Da wäre die Angst notwendig, ebenso das Luftanhalten, um entsprechendes Flucht- oder Angriffsverhalten auszulösen.

Angst fühlt sich immer bedrohlich an. Es ist ein fürchterlicher Zustand. Angst ist festgehaltene Energie. Sie killt die Lust, die Sinne und ein klares Denken. Es geht hier nicht darum, Ängste zu ignorieren oder wegzutrainieren. Ein gesunder Mensch muss in bestimmten Situationen Angst empfinden können, um sich selbst und andere in realen gefährlichen Situationen schützen zu können. Abgesehen von tatsäch-lichen traumatischen Erlebnissen sind die meisten Ängste jedoch hausgemacht. Sie entstehen nur durch unsere Gedanken. Fakten und Situationen werden als extrem gefährlich bewertet, obwohl sie es real nicht sind. Diese Gedanken schwirren ununterbrochen umher und erzeugen einen dauernden Stresszustand. Die Folge ist, dass die Ängste, basierend auf irrationalen Gedanken, somit trainiert und kulti-viert werden. Dabei unterstützen uns zusätzlich Politik, Wirtschaft und Industrie. Vor allem sind es die Versicherungs-, Pharma-, Gesundheits- und Krankheitsindustrie, ebenso die Medien und bestimmte politische Interessensgruppen, die gerne mit Ängsten arbeiten, uns das Fürchten vor Krankheit, Tod, Alter, Überfremdung, Existenzbedrohung durch Arbeitsplatzverlust oder Karriereabstieg, Naturkatastrophen etc. lehren. Täglich werden immer wieder neue Schreckensszenarios geschaffen. Es fällt vielen Menschen schwer, aus dem medialen Überangebot zu selektieren, wer, was, warum und mit welchen persönlichen Interessen und Nutzen angstmachende Informationen verbreitet. Angstfrei leben, angstfrei atmen ist für viele Menschen nicht mehr erlebbar, spürbar. In diesem Gedankenszenario geht es immer um einen möglichen Verlust und um Worst Cases, irrationale Gedanken, die dort gesponnen werden. Diese Gedanken im Kopf, ich nenne sie hier einfach mal die Affen, sitzen auf verschiedenen Bäumen und Zweigen in unserem Gehirn. Sie müssen sehr klar wahrgenommen werden. Das Geschrei dieser Affen ist ein Geschrei. Und jeder Affe fordert seine Berechtigung und kämpft um die Vorherrschaft vor anderen Affen. Du musst diese Vorstellungen wie einen spannenden Kinofilm immer wieder besuchen und dich als neutraler Zuschauer und Zuhörer trainieren. Es ist immer ein Film. Es ist keine Wirklichkeit im Außen. Es ist ein innerer Kinofilm, Krimi, Sciencefiction oder was auch immer, den deine Hirnäffchen erzeugen. Du bleibst nur Zuschauer – Beobachter dieses Spektakels. Und wenn du sozusagen Beobachter und Zeuge wirst, dann wirst du mit der Zeit erkennen, wie deine Gedanken welche Wirklichkeit erzeugen und für welche Wirklichkeit du dich entscheiden möchten.

Aus diesem Theater kommst du nur raus, wenn du das immerwährende Gedankenkarusell unterbrechst, beruhigst z.B. durch Meditation in Zen oder/und sich in Achtsamkeit in körperliche Übungen einlassen. Dieses Buch bietet dir eine Fülle davon. Denn jedes Einlassen in eine Übung unterbricht deine Gedanken- und Gefühlswelt. Sie bringt dich in deinen Körper und in deine Atmung zurück, wo sich Blockaden allmählich von selbst lösen können. Du entdeckst, dass du existierst, wieder Lust empfindest, lebst und atmest. Daraus entstehen neue angstfreie Impulse, Inspirationen, Denkanstöße. Nutze die vielen unbewussten Kräfte und Sinne deines Körpers!

Der wichtigste Weg Ängste zu reduzieren, ist sich zu erden

Sie müssen sich mit und in dem Körper real besser erfahren, d.h. sich auf dieser und mit dieser Erde verankern. Das ist der Gegenpol zu Ihren Gedanken. Die Erde trägt und ernährt Sie, sie hält Sie und stellt Ihnen alles bereitstellt, was Sie brauchen. Und Sie sind selbst ein Stück Erde auf zwei Beinen. Ja, aus denselben Bausteinen. Wenn Sie dieses Buch durchlesen und durcharbeiten haben, wissen Sie, was ich hiermit meine. Es geht darum, Ihren inneren und äußeren Körperraum zu entdecken, sich Raum zu nehmen, sich in den Raum hinein auszubreiten, deinen Platz in dieser Welt zu entdecken, sich zu nehmen und ihn zu verteidigen. Zur Vertiefung dieses Themas empfehle ich dir in Teil II des Buches die Kapitel „In sich ruhen, statt außer sich zu sein", „Die Mitte ist unser Bauch", die Basisatmung sowie die Atemmeditation und das Achtsamkeitstraining zur erfolgreichen Bewältigung von Ängsten.

Atmen dich frei! Frei von Ängsten. Wie soll das gehen? Ich möchte dir nur für einen kurzen Augenblick das Prinzip erklären, bevor du weiterdenkst und diese Sätze bewertest.

Hole jetzt einmal tief Luft und atme tief und langsam aus. JETZT – in diesem Augenblick. Dreimal! JETZT. Dann dehne dich und rekel sich genüsslich in alle Richtungen im Raum. JETZT. In diesem Augenblick. Spüre, wie für einen Augenblick nur ein Stückchen mehr Weite und Platz in dir entstehen. JETZT. Du atmest freier. JETZT.

Es gibt immer wieder Augenblicke, in denen du angstfrei bist, dich gut fühlst. DieseAugenblicke kannst du bewusst wahrnehmen. Diese Augenblicke können zu Momenten werden, später zu Minuten, Stunden, Tagen, sogar Jahren der Angstfreiheit. Aber du musst dch auf den Weg machen. Du brauchst einen Gegenpol. Dies sind deine Sinne und die kannst du Sinne trainieren. Dann findest du wieder einen realen Sinn. In der körperlichen Erdung, Verankerung. Ein weitgehend angstfreies Leben wird dann möglich. Und wenn du die Kraft, die Lust und die Freiheit in Augenblicken der Angstfreiheit erlebst, dann hast du die Fährte aufgenommen – den Weg in deinee innere Freiheit, den Weg zu dir selbst, den Weg zu deiner existenziellen Wirklichkeit und Ihrer existenziellen Berechtigung:
HIER ZU SEIN. Jetzt so zu sein, der zu sein, der du bist.

Alle Übungen können Ihnen enorm helfen, insbesondere die Übungen in Teil 2 des Buches aus den Kapitel „Baisatmung. Sich erden-die Mitte ist unser Bauch" S. 85 ff. Es werden künftig Übungs-CDs und Youtube-Tutorials erstellt, die du auch nutzen kannst. Falls du jedoch unter sehr schweren Angst- und Panikstörungen leidest, solltest du unbedingt kompetente therapeutische Hilfe aufsuchen und die Durchführung möglicher Übungen jeweils vorher fachkundlich besprechen.

DEN KOPF WIEDER „FREI" SCHALTEN

BEAP

DER BEWUSSTSEINSERWEITERNDE ATEMPROZESS

„Kein Problem kann durch das
Bewusstsein gelöst werden, das dieses
Problem geschaffen hat."

Albert Einstein

Den Kopf freischalten

„Mach' Dir nicht so einen Kopf" ist die Empfehlung von Freunden oder Bekannten, wenn du zu viel denkst, d. h. vor allem einseitig denkst und grübelst. Du stehst in einem Gedankenstau. Du findest den Schalter im Kopf nicht, den Schalter zum Umlegen, zum Umschalten und „Frei"schalten, so, dass die Gedanken wieder „fließen" können. Wenn du dieses Szenario mit einer Portion Abstand klar von außen betrachtest und das oben beschriebene Zitat von Albert Einstein verinnerlichst, kommst du irgendwann zu der Erkenntnis, dass es eine Frage des „Anders-Denkens" sein muss, eines anderen Synapsenkontaktes, eines größeren Bewusstseins, um den Horizont zu erweitern. Oft löst sich sogar das Problem von selbst – ohne dein altes Denken und Grübeln. Sicherlich kennst du sehr interessante Begegnungen und Gespräche mit Menschen oder auf Wanderungen in einer neuenLandschaft, auf Reisen oder durch Musik und andere Erlebnisse, durch die du inspiriert und plötzlich sehr kreativ, wach und lebendig wurdest, deine Gedanken wieder frei strömten und eine Problemlösung im Nu erfolgte. Oder du hast das bereits in einer Atemübung, in einem Coaching, in einer Meditation oder in einem Seminar erfahren. Und dann wunderst du dich, wie schnell und einfach diese Freischaltung im Kopf geschehen ist, womit du zuvor Stunden, Tage, Monate oder sogar viele Jahre wie blockiert warst. Urplötzlich sind alle Kräfte und viel Freude wieder da. Der Knoten ist geplatzt! Welcher „Knoten" wohl? Immer ist es eine Frage des Bewusstseins, wie du die Welt betrachtest, die Welt aus deiner Sicht erzählst, dich in ihr zurechtfindest, lebst und handelst. Denn „erstens kommt es immer anders und zweitens als man denkt". Der zweite Teil des Satzes ist deine Verantwortung: wie du denkst und dir damit deine Wirklichkeit kreierst.

Wie viel weißt du wirklich über dich selbst? Wie viele verborgene Schätze und Fähigkeiten stecken noch in dir? Wenn du mir zustimmst, dass es eine Frage der Bewusstheit und des Bewusstseins ist, dann kannst du dieses Bewusstsein erweitern, und das sogar bis zu deinem letzten Tage in diesem Erdendasein.

Doch was ist eigentlich unser Bewusstsein?

Antony Dynasie, ein anerkannter Neurowissenschaftler, der die Komplexität des menschlichen Gehirns erforscht: „Bewusstsein bedeutet zu spüren, was innerhalb und außerhalb des Körpers vor sich geht. Die dabei wichtigste Komponente ist die nach innen gerichtete Wahrnehmung ohne die es kein Bewusstsein geben kann". Seiner Meinung nach ist das Bewusstsein der ständige Austausch zwischen externen Wahrnehmungen und unseren inneren Emotionen. Was

ÜBERBEWUSSTSEIN
Höhere Intelligenz

BEWUSSTSEIN
Logik, rationales Denken, Willenskraft,
Kurzzeitgedächtnis, somatisches Nervensystem

BEAP

UNTERBEWUSSTSEIN

Deine Erfahrungen
Intuition
Gefühle
Glaubensätze
Gewohnheiten
Langzeitgedächtnis
Vegetatives Nervensystem
Informationen aus Jahrmillionen
während Entwicklung des Menschen

Das Unbewusste anzapfen –
der Kreativtank für neue Kräfte

wir als Geist bezeichnen, ist nichts anderes, als das Ergebnis dieses wechselseitigen Austauschs zwischen unserem Körper und der Welt, die ihn umgibt. Psychologisch ist es die Fähigkeit, mit dem Gehirn und den Sinnen die Umwelt zu erkennen und zu verarbeiten. So wie ein Tornado aus vielen tausend Milliarden voneinander abhängigen Wetterereignissen entsteht, geht die Wissenschaft davon aus, dass das Bewusstsein das Resultat der komplexen Aktivität vieler tausend Milliarden Verbindungen zwischen unserer Umwelt und unserem Körper und unserem Gehirn ist. Von den ankommenden Informationen verarbeiten Sie allerdings nur einen minimalen Teil bewusst. Bewusstsein an sich ist ein enormer Verarbeitungs- und Synchronisationsprozess von Information. Tor Norretranders fand heraus, dass unser Bewusstsein nur mit 16 Bit/Sekunde eine mit 11 Mio. Bit/Sekunde ankommende Information verarbeitenkann. Würde man dies auf einer Bandbreite markieren, so hätte das Bewusstsein eine Länge von 15 Millimeter, das Unbewusste von 11 Kilometer. Die Bandbreite unseres Bewusstsein ist mikroskopisch, verglichen mit der Bandbreite unseres Unbewussten! Unbewussten!

Das Unterbewusstsein oder das Unbewusste

Im Unbewussten steckt all das, was du deiner augenblicklichen Aufmerksamkeit entzieht. Als das Unterbewusstsein oder das Unbewusste bezeichnet die Tiefenpsychologie einen Bereich der menschlichen Psyche, der deinem Bewusstsein nicht direkt zugänglich ist, aber diesem in der Herausbildung der Menschheit zugrunde liegt. Die Tiefenpsychologie geht davon aus, dass bei jedem Menschen in allen Lebensphasen unbewusste psychische Prozesse das Handeln, Denken und Fühlen entscheidend beeinflussen. Die Bewusstmachung und Anerkennung unbewusster Vorgänge kann psychisch gesunde Menschen in ihrer Persönlichkeitsentwicklung unterstützen und ist auch eine wesentliche Voraussetzung für die Psychotherapie vieler psychischer Störungen (u. a. der sogenannten Neurosen). Im Unbewussten ist aber auch das gesamte Wissen des Menschen einschließlich seiner Evolution begründet, auch alle bereits erlernten automatisierten Handlungen und Erlebnisse. Siehe auch S. 99 „Kann der Bauch denken?". Hier steckt das Erfahrungswissen und die Intuition, ein existentielles Wissen, welches du durch den BEAP entdecken und wirkungsvoll nutzen kannst. Im Kapitel „Der Bauch – Zentrum der Lebens– und Atemkraft" S. 97 dieses Buches habe ich bereits auf den Zusammenhang des Bauches mit dem Unbewussten hingewiesen.

Das Unbewusste anzapfen – der Kreativtank für neue Kräfte

Deswegen ist es so spannend und interessant, hin und wieder diese immensen Ressourcen aus dem Unbewussten anzuzapfen, zum Beispiel durch die Atmung. Der Atmung bewusst zu werden, d.h. bewusster und besser zu atmen, erweitert das Bewusstsein. Es ankert dich in der Gegenwart, in deinen Körper, schärft deine Sinne und Wahrnehmungen. Dies wiederum hat Auswirkungen auf dein Denken. Es gibt viele Riten bei Urvölkern und in früheren Kulturen, in denen rhythmisches Atmen mit Musik eingesetzt wird, um eine Begegnung der spirituellen Welt mit der profanen Welt herzustellen. Heute finden wir modifizierte bestimmte Atemtechniken, die ebenso versuchen in Erfahrungsbereiche einzutreten, die dem Bewusstsein im Allgemeinen nicht zugänglich sind. Ziele dieser Techniken sind die Bearbeitung und Integration bislang unzureichend integrierter Persönlichkeitsanteile sowie ungeahnter Ressourcen. Oft werden diese Verfahren auch als Ergänzung zu konventionellen Psychotherapien und Coachings eingesetzt. So z.B. das Rebirthing nach Leonard Orr () oder das Holotrope Atmen nach Stanislav Grof (aus den 70er Jahren und 80er Jahren). Auch die verschiedenen Versionen der Quantum Light Meditation nach dem Mystiker Jeru Kabbal oder auch die neuere sanftere Transformative Atemmeditation von Peter A. Schröter und Doris Christinger zählen hierzu. Bis auf letztere beinhalten diese Techniken zum großen Anteil beschleunigtesund vertieftes Atmen in Verbindung mit evozierender Musik, ebenso Körperarbeit, teilweise auch eine nonverbale Aufarbeitung z.B. durch Malen, später auch verbaler Austausch und Reflexion mit anderen Gruppenteilnehmern. Seit vielen Jahrtausenden werden überall auf der Welt veränderte Bewusstseinszustände von Schamanen, Yogis, Heilern und Mystikerinnen der verschiedenen Traditionen genutzt, insbesondere durch lösende Körperübungen und Atemerfahrungen. Ziel ist, Zugang zum inneren „Heiler", einer Art innerer Weisheitsinstanz zu erlangen, um die Beschaffenheit der Existenz zu ergründen und um sich mit den spirituellen Dimensionen des Seins zu verbinden. Die Entwicklung des neuen BEAP stützt sich auf diese Erkenntnisse, modifiziert und verfeinert insbesondere auch die differenzierte Erfahrung des Atems auf den heutigen Stand.

Was ist BEAP?

Der BEAP ist ein „Bewusstseins-Erweiternder-Atem-Prozess". Mit dem BEAP schaltest du deinen Kopf frei. Es ist ein „Reset" für deine Gedanken und Gefühle. Du kommst wieder wirklich bei dir an. Die zentrale Kraft spielt dabei die Atmung. Diese wird von zwei verschiedenen Nervensystemen gesteuert. Vorwiegend über das Vegetative Nervensystem (VNS), auch als Autonomes Nervensystem bezeichnet, welches die gesamte Tätigkeit der Organe automatisch steuert. Aber gleichzeitig kann sie auch von dem Zentralen Nervensystem (ZNS) geleitet werden, welches für unsere bewusste Motorik zuständig ist, z.B. willentlich die Luft anzuhalten oder den Atemrhythmus zu steuern und die Atmung wahrzunehmen. Das ist einzigartig bei allen Organfunktionen! Damit bildet die bewusste Atmung die Brücke und den Zugang zu dem großen Potenzial unbewusster Ressourcen. Durch eine spezielle Körper- und Atementspannungstechnik und eine auf den Prozess abgestimmte komponierte Musik wird ein tiefer entspannter Bewusstseinszustand ermöglicht, in dem du dich intensiv selbst erfährst und der dich zur eigenen inneren Klarheit und Weisheit führen kann. Der BEAP fördert einen lebendigen Persönlichkeits- und Wachstumsprozess. Er ist eine Form der Meditation, eines Achtsamkeitsprozesses mit Momenten tiefer Besinnung und Erkenntnis. Jeder BEAP ist immer wieder anders und neu erlebbar, je nach Befinden und Fragestellungen. Und das ist das Spannende! Dein riesiges Unbewusstes geht jedes Mal in andere Resonanzen, um wertvolle Schätze zu bergen. Auf die eigene innere Intelligenz vertrauend bekommst du genau die wichtige Erfahrung, die dir in diesem Moment zu mehr Wachstum und Selbstheilung verhilft. Ich führe dich auf der BEAP-CD durch die einzelnen Phasen. Die im Hintergrund zu hörende komponierte Musik unterstützt dich, dich noch tiefer einzulassen, zu entspannen, deinem Atem zu folgen und ihm zu vertrauen. Ziel des BEAP ist die Erweiterung des Bewusstseins auf körperlicher Ebene (= Körperbewusstsein) und mentaler Ebene (= geistige und spirituelle Entwicklung) sowie die Befreiung und Entdeckung verborgener Ressourcen. Es ist insbesondere für die eigene Übung zu Hause konzipiert, jedoch ist eine einmalige Einführung in einem Gruppensetting von Vorteil.

Was erlebst du in diesem Prozess?

Dies kann nur eine grobe Beschreibung sein. Jeder, der den BEAP erlebt hat, wird noch vieles hinzufügen können. Was du jedoch selbst genau erleben wirst, weiß ich nicht. Ich kenne deine Wirklichkeit und Voraussetzungen nicht. Was du jedoch lernst, ist dich zu erden, körperlich und mental tief zu entspannen. Du entdeckst und erlebst bewusst deinen Atem und Atemrhythmus, erlangst Atemkontrolle und Atementspannung, atmest für kurze Zeit auch sehr stark und erlebst die anschließende tiefe stille Atemruhe. In dieser vollkommenen inneren Stille erspürst du eine Leere, ein angenehmes „Leersein", aus dem neues Leben entspringt. Gedanken und Gefühle, die hochkommen können, lernst du zu unterscheiden. Du verabschiedest dich auch aus deiner alten Geschichte, die du nicht mehr jedes Mal neu erzählen musst. Durch die bewusste Atmung bleibst du immer im Hier und Jetzt – vollkommen präsent. In der letzten Phase nimmst du Kontakt mit deinem Herzen auf. Du verbindest Basisatmung und Herzatmung. Du findest für einen Moment vollkommen zu dir selbst, zu deiner Wahrheit, zu deinem Dasein, deinem So-Sein, zu Ihrer wahren Existenz und Ihrer Existenzberechtigung. Du nimmst dich selbst an und in die Arme. Dies ist die Voraussetzung, Liebe zu geben und Liebe zu empfangen. Gu fühlst dich vollkommen ganz, aufgehoben und verbunden. Aus diesem Erlebnis erlangst du tiefe Kraft, Ruhe, Erkenntnis und Heilung.

Welche Rolle spielen Emotionen im BEAP?

Gedanken und Emotionen sind in jedem Atemmuster abgebildet und darin verbunden. Individuell können sie in bestimmten Prozessphasen stark nach oben kommen. Wichtig ist, dass die Gefühle und die damit verbundenen Gedankenmuster wahrgenommen werden, ausgehalten und nicht verdrängt werden. Ziel ist es, alte, aus der Vergangenheit unterdrückte Gefühle zu „integrieren", anzunehmen. „Das Ausagieren und ein sogenanntes ‚Reingehen' in die gefährlich scheinenden Gefühle, um sie zu bekämpfen, heißt, sie mächtiger zu machen, als sie in Wirklichkeit sind, um am Ende doch davor wegzulaufen" (Günter Griebl „Auf den Schwingen der

Freiheit"). Und genau das ist die Kunst: Alles, was da ist oder hochkommt, wahrzunehmen und zu lernen, sich nicht mehr damit zu identifizieren. Denn die Gedanken und die damit verursachten Emotionen stammen immer aus der Vergangenheit - aus einer anderen Zeit. Sie haben nichts mit dem Augenblick, mit dem HIER UND JETZT zu tun. Im BEAP wirst du immer wieder erinnert, in der Gegenwart zu bleiben. In diesem Jetzt atmest du. Und damit gewinnst du die Macht und Kontrolle über Ihre Gedanken und Gefühle.

BEAP in einer Gruppe erleben

Der angeleitete BEAP in Gruppen bietet im Vergleich zum Einzel-BEAP, alleine zu Hause, ein differenziertes intensives Setting. BEAP in einer Gruppe zu erleben ist oft intensiver und auch zeitlich länger, als wenn Sie diesen zu Hause alleine durchführen. Die Energien, die Vielseitigkeit, die Anregungen, Synergien und Resonanzen der anderen Teilnehmer wirken sehr viel tiefer und nachhaltiger. Mit Begleiterinnen und Begleitern gebe ich oder ausgebildete BEAP-TrainerInnen Ihnen die notwendige Sicherheit und Führung durch den gesamten Prozess. Dieser Prozess beinhaltet **fünf Phasen**:

1. Einführung – Hinführung

Sie werden vorher mit Atemübungen, Meditation, Achtsamkeitstraining, Entspannungs- und Wahrnehmungsübungen gezielt auf den Prozess vorbereitet. Somit sind Sie sensibilisiert und können leichter und schneller in den BEAP hineinfinden.

2. Der Kernprozess

Diesen führen Sie im Sitzen oder Liegen durch. Er wird im Gegensatz zur BEAP-CD live besprochen und entsprechende Hintergrundmusik abgespielt. Der gesamte Prozess geschieht in Abstimmung auf die Gruppe und ihre Voraussetzung. Innerhalb des BEAP dürfen und können in diesem geschützten Raum auch verborgene intensive Gefühle in bestimmten Phasen ausgedrückt werden. Diese tiefe Ehrlichkeit ist für alle Teilnehmer meist sehr inspirierend, öffnend, vertrauensbildend und verbindend.

3. Ausklangphase

Am Ende des BEAP werden die Teilnehmer sehr behutsam und langsam aus dem Prozess herausgeführt. Hier geht es um ein intuitives Erfassen, Aufarbeiten und Integrieren des Erlebten. Im stillen Raum werden zunächst nonverbale Methoden benutzt, wie z.B. intuitives Malen oder intuitives Formen mit Tonerde.

4. Erdungsphase

In der Regel wird anschließend ein gemeinsames Essen oder ein kleiner Snack bereitet. Dies dient zur Belebung der irdischen Sinne und der Verankerung im Jetzt.

5. Reflexionsphase

Zum Ende erfolgt im großen Gruppenkreis die Reflexion sowie ein Austausch der Erlebnisse, jedoch immer auf freiwilliger Basis, soweit der Wunsch dazu besteht. Auch individuelle Fragen sowie Hilfestellungen und Lösungsmöglichkeiten können in diesem Gruppensetting behandelt werden.

In einem persönlichen Begleiterlebnisbuch tragen die Teilnehmer ihre Erlebnisse, Erfahrungen und Erkenntnisse ein.

Wo kann ich BEAP-Gruppen finden? Ab 2024

Informationen findest du unter www.atemtrainer.de oder www.berndtrusheim. de. Es gibt BEAP Intensiv-Wochenenden. Sehr effektiv sind auch BEAP's, die halbtageweise in bestimmten Zeitabständen durchgeführt werden, z.B. einmal monatlich, vierteljährlich oder halbjährlich. Es wird in den kommenden Jahren ein BEAP-Netzwerk entstehen. Wenn du in deiner Region selbst genügend Teilnehmer organisieren oder eine Person kennst, die eine Gruppe vor Ort organisieren möchte, dann sparen wir Zeit und Kosten und können in Kürze gemeinsame Termine vereinbaren. Siehe auch Hinweise am Ende des Buches.

BEAP alleine durchführen

Du kannst den BEAP auch sehr gut alleine zuhause durchführen. Soweit du nur dieses Buch ohne CD hast, benötigst du dafür die CD „BEAP Bewusstseins-erweiternder Atemprozess". Bestelladressen am Ende des Buches sowie im Internet unter www.atemtrainer.de. Dieser Atemprozess dauert 55 Minuten. Auf der CD befindet sich eine wichtige Einleitung und ein Checkup vor Beginn. Der BEAP kann in bequemer Rückenlage im Liegen, im bequemen Sitzen oder aufrechtem Sitzen ausgeführt werden. Nach Beendigung sollten Sie unbedingt noch eine 10- bis 20-minütige Pause zum Nachspüren und zur Auswertung einplanen. Beim ersten Mal em-pfehle ich dir einen eng vertrauten Freund oder eine Freundin einzuladen, der dich begleitet. D.h. diese Person soll nur in deiner Nähe sitzen und schweigend aufpassen, damit du wirklich im Prozess bleibst und genügend Sicherheit spürst, falls du nicht mehr weiter weißt und Hilfe brauchst. Bist du jedoch schon mit solchen tiefen Selbsterfahrungsprozessen zu Hause und alleine vertraut, z.B. Quantum Light Medita-

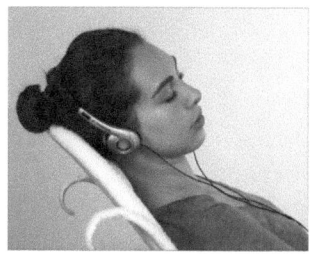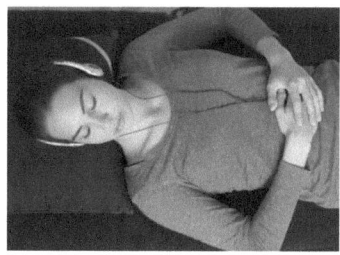

tion, geführte Entspannungs- und Meditationsreisen, ZaZen u.ä., darfst du gerne auch alleine beginnen. Du kannst den BEAP jederzeit nach Bedarf machen. Grundsätzlich empfehle ich dir, den BEAP zumindest einmal in einer Gruppe durchzuführen oder gemeinsam in einer Einzelsitzung mit einem erfahrenen BEAP-Coach bzw. Trainer. Somit kannst du den Unterschied spüren, welche Möglichkeiten und welche Bandbreite tiefer Erlebnisse der BEAP bietet. Das wird dich dann im Einzel-BEAP alleine zuhause unterstützen, noch intensivere Erfahrungen und Entwicklungsschritte zu machen.

Entdecke und kontrolliere deine Fortschritte!

Den besten Erfolg erzielst du, wenn du den BEAP auch kontrollierst und auswertest. Mit Lieferung der CD bzw. Download erhältst du entsprechende Kontrollbögen. Sinnvoll ist es auch, sich eine Art BEAP-Begleitbuch/Tagebuch einzurichten und die Fragen aus den Kontrollbögen zu übernehmen. Es ist dazu da, die vielen kleinen Veränderungen und Fortschritte im Alltag bewusster und achtsamer zu erleben, ebenso der vielen unbewussten neuen Erfahrungen bewusst zu werden. Wenn du dann nach einem halben Jahr oder Jahr genau nachliest, welche schönen Erfahrungen, Veränderungen und Erkenntnisse daraus folgten, ist es im Rückblick oft so, ein großes Geschenk erhalten zu haben.

Kontraindikation

Nicht geeignet ist der BEAP für schwangere Frauen, Menschen mit Bluthochdruck, Herz- und Kreislaufproblemen, Glaukom und Epilepsie, psychiatrische Störungen, akuten Sucht- und Alkoholproblematiken. Im Zweifelsfall kannst du gerne eine mögliche Teilnahme mit deinem Arzt, Therapeuten, mit mir oder BEAP-TrainerInnen besprechen.

Bewusstsein

Achtsamkeit im Hier und Jetzt.
Entschleunigung. Neue Präsenz.
Auflösung von festhaltenden starren Meinungen,
alten Fixierungen und Dramarturgien.
Selbstverantwortung und Souveränität.
Offenheit für das, was ist und das, was kommt.
Teil eines großen Ganzen zu sein.
Leben im „Flow".
Liebe erfahren – Liebe leben

Atem

Wahrnehmung der Atmung als einen Atemfluss.
Unterscheidung der Sinnesempfindung von Gedanken
und Emotionen, die in jedem Atemzug enthalten sind.
Erkennen des Polaritätsgesetzes von Einatem und Ausatem.
Überwindung der Polarität:
Ein- und Ausatem werden als Einheit erfahren.
Atem = Leben = Fließen.
Atembewusstsein

Körper

Gebrauch aller Sinne, Wahrnehmung aller Sinne,
Training aller Sinne, Bewusstsein für die Sinne.
Vererdung und Verankerung als Mensch auf dieser Erde.
Verbesserung der Impulswahrnehmung.
Körpersprache und Körperbewusstsein

BEAP Wirkungen

Der BEAP hilft dir dabei

- dich zu erden, Boden unter den Füßen zu gewinnen
- dich schneller und tiefer zu entspannen
- gedankliche Ruhe, Zentrierung und Übersicht zu gewinnen
- viele kreative neue Potenziale und die Leichtigkeit des Seins zu entdecken
- unverarbeitete Erlebnisse und unbewusste Persönlichkeitsanteile wirksam zu integrieren
- wichtige Probleme gelassener, souverän und selbstbewusst zu lösen
- Heilungsprozesse anzuregen und zu unterstützen
- Entscheidungen in tiefer Klarheit zu treffen
- besser und bewusst zu atmen
- Körperimpulse, Körperwahrnehmung und Körpersprache zu verbessern
- dich im Hier und Jetzt, in die Gegenwart einzubinden und zu fühlen
- mehr Achtsamkeit im Alltag zu gewinnen
- mehr Kraft, Energie, Präsenz und Vitalität aufzubauen
- dich selbst anzunehmen und mit sich ins Reine zu kommen
- mehr Resilienz zu entwickeln
- mehr Selbstverantwortung und Selbststeuerung zu gewinnen
- mehr Selbstvertrauen und Selbstbehauptungsfähigkeit aufzubauen
- mehr Mitgefühl zu sich selbst und anderen zu entwickeln
- Herzensliebe zu spüren
- Dankbarkeit zu fühlen und zu zeigen
- langwierige Dramaturgien aufzulösen
- individuelle persönliche All-Eins-Erfahrungen zu machen, unabhängig von Religionen und Dogmen, zu erleben und zu genießen
- gewünschte Veränderungen ergebnisorientiert einzuleiten und umzusetzen

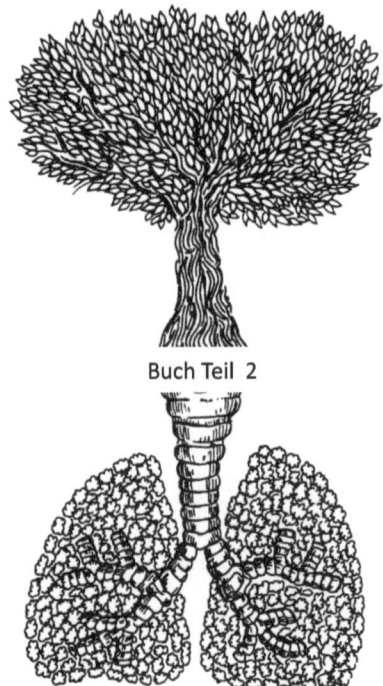

Buch Teil 2

Basisatmung

Atem und Background

Im Hier und Jetzt sein

Atem ist Bewegung

Basisatmung

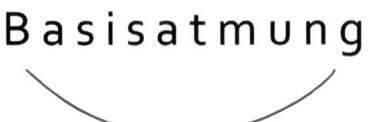

Sich erden - die Mitte ist der Bauch

Die tiefe Zwerchfellatmung, auch als Tiefenatmung oder Bauchatmung bezeichnet, ist die Basis für eine wirkungsvolle Atemweise. Da sie den Grundstock bildet, nenne ich sie „Basisatmung". In den folgenden beiden Kapiteln „In sich ruhen, statt außer sich zu sein" sowie „Die Mitte ist unser Bauch" beleuchte ich die Hintergründe, warum wir diese Atemweise oft vernachlässigen und wie wir sie zurückgewinnen können. Ein neues Verständnis und eine neue Bewusstheit für die zentrale Bedeutung deines Erdschwerpunktes und Bauches schaffen die Voraussetzungen, dass du tiefer und besser atmest, in dir ruhst und deine Mitte finden kannst.

„In sich ruhen" statt „außer sich zu sein"

Erdung, Bauch und Basisatmung

Ich möchte dich in diesem Kapitel einladen, sich einige Tage nur auf des „Sich-Erden" und die Basisatmung zu konzentrieren. Es sind die wichtigsten Grundlagen zum Verständnis des gesamten Buches und aller Übungen.

Sich zu erden bezeichnet die tiefe sinnliche Verbindung des Menschen mit der Erde, im Gegensatz zu dem angesammelten kognitiven und digitalen Informationswissen über die Erde und ihr Befinden, über die wir ständig sprechen, diskutieren, debattieren und grübeln. Wirkliche Erdung erleben Sie, wenn Sie z.B. im Garten arbeiten, in der Erde buddeln und somit in die Wachstums- und Naturkreisläufe sinnhaft eingebunden sind. Oder wenn du den eigenen Körper tiefer spürbar erforschst, wie jetzt in diesem Kapitel zum Bauch und zur Basisatmung. Menschen, die sich erden, finden tiefe Sinnerfüllung und Zufriedenheit. Sie fühlen sich als Teil dieser Erde, als Teil von Kreisläufen. Alle Probleme, die der Mensch auf dieser Erde mit sich selbst, seinen Mitmenschen und seiner Umwelt verursacht, gründen auf dem mangelnden Bewusstsein und Respekt gegenüber dieser Erde, aus der er selbst geschaffen ist. Sich wieder zu erden ist die größte Heilung für Mensch und Umwelt. Sich erden heißt, nicht abzuheben, nicht „außer sich zu sein", d.h. außerhalb des eigenen Erdschwerpunktes zu sein, sondern die Erde sprichwörtlich als „Grundlage" zu erleben. Die Erde hält und „trägt" dich durch dein gesamtes Leben. Du bist und bleibst ein Stück Erde auf zwei Beinen. Auch wenn du es liebst, diese körperliche Schwerkraft immer wieder zu überwinden. Doch die zunehmende Beschleunigung und Verdichtung in Information, Verkehr, im Arbeits-, Freizeit- und Privatleben schaffen immer mehr Stress. Stress, der dich aus deinem Kraft- und Erdungsfeld herauskatapultiert. Die analoge sinnliche Beziehungsqualität des Menschen zur Erde entscheidet letztlich das Schicksal seines Überlebens auf dieser Erde.

Unser Körper: Ein Stück Erde auf zwei Beinen
Mit einem durchschnittlichen Anfangsgewicht von 2 - 3,5 kg rutschen wir während einer normalen Geburt in dieses Erdendasein, manche werden durch einen Kaiserschnitt „geholt". Unsere Ge„wichtigkeit" nimmt im Laufe der Entwicklung zu. Als Erwachsener bewegen wir uns mit einem durchschnittlichen Körperge-

wicht von 50 bis 90 kg durch dagewichtiger. Dieser physische Körper besteht vollständig aus Elementen dieser Erde. Dazu gehört selbstverständlich auch die Flüssigkeit, die 70% unseres Körpers ausmacht. Wo kommt die Materie unseres Körpers her? Ursprünglich von diesem Planeten, von ein paar Kometen abgesehen. Wir sind ein Stück Erde auf Beinen. Und wir sind an diese Erde gebunden. Wir können nicht fliehen. Dahinter steckt ein Naturgesetz, das Isaac Newton nach seinem „Zusammenstoß" mit dem Apfel als Erster in Worte gefasst hat. Es heißt: Zwei Körper ziehen sich immer gegenseitig an. Je schwerer die Körper sind und je näher die Körper beieinander sind, desto stärker ist diese Anziehungskraft. Diese Kraft wirkt zwischen allen Dingen: nicht nur zwischen Erde und Apfel, sondern auch zwischen Stein und Vogel, zwischen Mensch und Apfel oder auch zwischen Erde und Mensch.

Die Erde trägt dich

Die Erde trägt und hält dich. Du fällst nicht ins Bodenlose. Es sei denn, die Erde bebt. Und das ist furchtbar. Doch in der Regel bist du immer von festen Dingen umgeben. Einem Stück Erde, auf dem das Haus steht, feste Wände und eingezogene Böden, Tische, Stühle, Schränke, Bett. Alles ist fest und begreifbar. Du lässt dich mit deiner Schwerkraft auf bestimmten Gegenständen nieder. Spätestens zum Abend und in der Nacht fühlst du dich noch schwerer, sinkst ins Bett und fällst in den Schlaf. Dabei hat der Körper durch die eingenommene horizontale Lage eine breite Kontaktfläche zur Erde. Kein Muskel muss ihn mehr aufrecht halten. Fast leblos liegst du da. Du schläfst für viele Stunden. Und dennoch wachst du am nächsten Morgen wieder auf. Ihr Bewusstsein und Kreislauf springen an – für neue Taten. Die mentalen und motorischen Impulse werden stärker. Du stehst auf, entgegen der Schwerkraft. Du richtest dich auf und meistens in einer Weise, dass du der Schwerkraft möglichst wenige Angriffspunkte bietest: Im aufrechten Gang oder aufrechten Sitzen. Doch auch hier hast du immer die Verbindung zur Erde. Zu einem festen Stuhl oder beim Gehen oder Joggen mit den Füßen am Boden.

Lust und Sehnsucht, die körperliche Schwerkraft zu überwinden

„Philopatrisch" bezeichnet der ungarische Psychoanalytiker Michael Balint diesen Zustand. Die Lust, sich ins Hohe, Tiefe, Weite zu begeben, dabei aufkommende Risiken zu überwinden und dies bei den Schwerkraft-Thrills auf den Rummelplätzen

sogar zu genießen. Ist sie angeboren? Weil du aus der erlebten Schwerelosigkeit im Uterus kommen? Bei Kindern ist diese Lust am deutlichsten zu sehen: Schaukeln, in die Luft werfen, Rutschen ohne Ende. Und beim Kleinkind das „Hoppereiter", wenn es in den Schoß fällt. Es fängt schon mit den ersten Stand- und Gehversuchen des Säuglings an. Da kann man den Stolz des kleinen Kindes spüren, wenn es ihm erstmals gelingt, auf eigenen Beinchen zu stehen und die ersten Schritte zu schaffen, ganz alleine und selber! Dieser aufrechte Gang des Menschen ließ einen ursprünglich auf vier Füßen laufenden Primaten wenigstens „ein Stück weit" die Schwerkraft überwinden, verschaffte ihm zwei zum Greifen und Tragen, Werfen und Stoßen freie Hände und einen freieren Blick nach vorn und oben und rundherum. Das war der Schlüssel zur Eroberung der Welt. Und die Menschen wollten weiter hoch hinaus. Seit Ikarus haben sie es immer wieder versucht, die Schwerkraft wenigstens kurzfristig und schließlich wie ein segelnder Vogel auf längere Zeit zu überwinden. Der erste Schritt dazu war vielleicht tatsächlich das „Segeln" auf dem Wasser. Mit dem Auftrieb des „luftgefüllten" Bootes konnte man das Versinken im Meer verhindern und zugleich mit dem am Mast aufgespannten Segel eine erste Praxis und Vorstellung davon gewinnen, wie man sich vom Wind und von der Luft nach vorne und schließlich sogar nach oben tragen lassen könnte. Über den Gleitflug und das Aufwindsegeln mit immer vogelähnlicheren Segelflugzeugen, daneben mit der Nutzung von Propeller, Düse und Rakete als Antriebsmittel, hat der Mensch die Schwerkraft schließlich so weit zu überwinden gelernt, dass er in künstlichen Satelliten sein Gewicht wie auf magische Weise verlieren und innerhalb des

Raumschiffs schwerelos schweben kann. Er kann dann in 90 Minuten die Erde umrunden, sogar den Mond, mit der Möglichkeit, von dieser himmlischen Perspektive aus die Erde zu betrachten.

Vom Wahnsinn der Beschleunigung

In den letzten fünfzehn Jahren wurde viel von dem Gegenpol der Beschleunigung, von der Entschleunigung geredet und geschrieben darüber, wie wichtig sie für Gesundheit und Balance ist. All diese Erkenntnisse sind nach wie vor so bedeutend. Hier möchte ich jedoch diesen Aspekt noch mehr auf der körperlichen Ebene konkretisieren. Woher kommt dieser Wunsch nach immer mehr Geschwindigkeit und

extremen Sport- und Freizeitaktivitäten? Kommt es daher, dass unsere Arbeitswelt zum überwiegenden Teil zu einer extrem stillsitzenden Tätigkeit verdammt worden ist? Computer- und Laptoparbeiten auch in der Freizeit? Genetisch hat sich unser Körper nach wie vor zum Jäger und Sammler entwickelt. Er ist dazu geschaffen, mindestens 8 -15 Kilometer am Tage zu gehen, zu laufen, sich zu bewegen. Das ist Fakt. Aber das kann unsere sitzende Arbeitswelt nicht mehr erfüllen. Menschen, die noch über diese natürliche körperliche Impulswahrnehmung verfügen, suchen verstärkt zum Ausgleich eine andere Bewegungsfreiheit. Eine Bewegungserfahrung in Fitnesscentern, im Freizeitsport, aber auch im Extremsport. Sportarten wie Freeclimbing, Kitesurfen, Surfen, Kite(schlitten?), Paragliding, Strandsegeln, Drachenfliegen, Fallschirmspringen, Bangojumping, Rafting, Treppenspringen, Slacklining (auf einem breiten Band balancieren, sogar über tiefste Schluchten), etc.... und auf Jahrmärkten Thrills von ungeahntem Ausmaß. Selbst in manchen Schwimmbädern findet Sie schon Doppellooping-Rutschen mit einer 2,5 fachen

G-Kraftwirkung. Spiegelt der Mensch in seinem Freizeitverhalten vielleicht nur wieder, was ihm in der Arbeits- und Medienwelt an Informationsbombardement und Hektik begegnet? Oder ist es auch gleichzeitig die Sehnsucht, sich endlich wieder analog körperlich zu erfahren? Betrachtet man nüchtern das Weltgeschehen, die Veränderungen und die Geschwindigkeitszunahme im täglichen Leben, so kann man zu dem Eindruck gelangen, dass immer mehr Menschen zunehmend „abheben" – sich von der Erde und damit ihren „Grund"-lagen lösen möchten. Im Aktien- und Börsenhandel geht es inzwischen um Nanosekunden in Softwareprogrammen, deren Algorhythmen weltweit über Gewinne oder Verluste entscheiden. In der Werbung erlebt man eine ungeheure Zunahme der Impulsdichte visueller und auditiver Reize. Du fliegst förmlich durch diese virtuellen Traumwelten. Je schneller du dich bewegst, desto mehr verlässt du die Erdanziehung. Aber auch in Medien wie Internet, Smartphone, TV, Radio findet eine Verdichtung von Informationen statt, die nicht mehr richtig im Gehirn verarbeitet werden können. Der sinngebende Zusammenhang geht zunehmend verloren. Die Verwirrung ist perfekt. Wie wirkt sich das auf die reale Naturerfahrung und die eigene Körperwahrnehmung aus? Sich selbst und die Umwelt wahrzunehmen? Wie viele Menschen haben einen realen Bezug zu dem Raum, durch den sie sich bewegen? Wie ist es möglich, den Raum wahrzunehmen z.B. beim Autofahren, Bahnfahren, Joggen, Radfahren, wenn das Hören der Umwelt gleichzeitig unterdrückt und mit anderen Reizen wie Musik, Filme schauen, Whatsapp und ständiges Telefonieren fast kontinuierlich betäubt wird? Wie ist es möglich, eine Landschaft wahrzunehmen oder aufmerksam Gespräche zu führen, wenn die Blicke oder die Ohren jede zweite bis dritte Minute immer wieder auf das Smartphone oder Handy gerichtet sind und dabei auch noch SMSe und Apps empfangen und an andere geschrieben und gesendet werden? Wenn die Angst, digital etwas zu verpassen, die analoge Wirklichkeitswahrnehmung mehr und mehr ausblendet? Schau dich bewusst um. Was passiert, wenn der reale sinnliche Kontakt zur Erde zunehmend unterbrochen wird? Die Unfallzahlen aufgrund von digitalen Ablenkungen durch Whatsapp, SMS und Telefonate steigen beträchtlich. Und gleichzeitig ist zu beobachten, dass viele Menschen die Sehnsucht haben, sich analog mehr zu spüren, zu erleben, sich zu erden. Dann muss es aber der ultimative Kick sein, bis hin zu Extremsportarten, bis das Gefühl des analogen Spürens wieder entsteht. Denn die wachsende Komfortzone digitalisierter und automatisierter Abläufe und Handlungen bietet immer weniger Anreize, die Welt und sich selbst noch sinnlich zu erfahren. Siehe auch Kapitel „Atem und Bewegung".

Wenn wir nicht mehr auf dem Teppich bleiben

Wenn wir nicht mehr auf dem Teppich bleiben, fehlt uns körperlich und mental die Erdung. Wir bewegen uns nicht mehr „auf dem Boden der Tatsachen". Es fehlt uns eine „Grundlage". Viele Menschen geraten dann „außer sich", manche heben ab – sind „abgehoben", sie sind nicht „greifbar" und „begreifbar". Von vielen Politikern sprechen wir von „die da oben"; sie sind nicht mehr auf dem Boden der Tatsachen festzumachen, sondern gleiten auf einem fliegenden Teppich dahin. Man möchte sie am liebsten „runterholen", am Schlawittchen packen und kräftig durchschütteln, damit sie „zu sich kommen". Wenn wir selbst im Stress sind, uns „auf"regen, vor Wut in die Luft gehen könnten, sozusagen „aus dem Häuschen" sind, tausende Dinge im Kopf haben, wenig zur Ruhe finden, verlieren wir automatisch unsere innere Zentrierung, den wichtigen körperlichen Erdmittelpunkt. Wir sind nicht mehr „geerdet". Unsere Gedanken kreisen wild herum. Unser Erdschwerpunkt (siehe Bild) – angesiedelt im unteren Bauchraum – wird durch „Auf"regung nach oben in den Brustkorb verlagert. Dadurch wird die Blutzirkulation im Bauch-, Becken-, Beinbereich gedrosselt, gleichzeitig die Bauch- bzw. Basisatmung verringert und überwiegend in den Brustkorbbereich geatmet. Der Blutdruck steigt mehr oder weniger. Da wirkt so mancher Mensch „aufbrausend" oder „aufgeblasen" wie ein Ganter oder Gockel in dem, was er erzählt und wie er sich benimmt. Interessant, dass wir solches Verhalten nicht so ernst nehmen und eher belächeln. Denn dieser Mensch ist nicht in seiner Mitte, strahlt keine Standfestigkeit aus. Wir sagen dann oft, „reg' dich mal wieder ab", „komm' erst einmal wieder runter", „beruhig' dich", „entspann' dich", „atme erst mal wieder durch", „schlaf' erst mal drüber", „lass' die Dinge erst einmal sacken".

„Vor Wut an die Decke gehen"

Vielleicht kennst du noch die hier abgewandelte Zeichnung eines über Jahrzehnte erfolgreichen Werbefilms einer Zigarettenfirma. Die Werbung zeigte ein Männchen, dass sich über alles aufregt und am Schluss vor Wut an die Decke bzw. in die Luft geht. Dann eine Zigarette zu rauchen ist nichts anderes als eine effektive Atemrhythmusveränderung. Wenn du also eine Zeit lang genauso gleichmäßig und genussvoll durchatmest, so, als würdest du eine Zigarette rauchen, führt dies auch ohne Nikotin zu einer effektiven Beruhigung.

„Reg' dich ab!"

Ab bedeutet nach unten - zum Boden hin. Das ist leichter gesagt als getan. Denn wenn du noch im Hamsterrad deine schnellen Turborunden drehst, erreichen dich diese Sprüche noch gar nicht in der wahren Bedeutung. Jeder vierte Angestellte und Arbeitnehmer schafft es nicht mehr, den zunehmenden Druck und die Verdichtung der globalisierten Arbeitswelt auszuhalten. Bereits 10% der Bevölkerung leiden an Schlafstörungen. Ständige Überforderung, immer auf dem Sprung zu sein, fordern gnadenlos mehr und mehr Opfer! Schlaf, Entschleunigung, Pausen gehören nicht in eine turbokapitalistische Gesellschaft, die auf totale Dynamisierung und Flexibilisierung setzt. Immer weniger Menschen finden so in Ihre eigene Kraft und Mitte. Wenn wir außerhalb unserer Mitte, unseres Erdschwerpunktes agieren, werden wir leichter angreifbar, anfällig für psychische und körperliche Störungen. Im Kampfsport geht es überwiegend darum, immer den Erdschwerpunkt, die Standfestigkeit zu behalten, sonst hat jeder Gegner leichtestes Spiel, uns zu Fall zu bringen. Und aus dem Fahrzeugbau wissen wir, welche Vorteile Sportwagen im Bereich Bodenhaftung haben im Vergleich zu höher gebauten Fahrzeugen, ebenso, wie ein breiter Reifen anders auf dem Boden haftet als ein schmaler.

Wie erdest du dich? Wie fühlst du dich nach einem tiefen guten Schlaf am nächsten Tag oder nach guter liebevoller Zärtlichkeit und Sex, nach Gartenarbeit, nach Joggen oder Walken, nach einer Entspannungstherapie oder nach dem Fitnesscenter- oder Saunabesuch? Wahrscheinlich fühlst du dich „in deiner Haut" sehr wohl, du bist „in deinem Körper zu Hause".

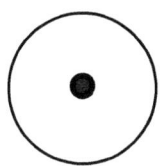 Finden deine Mitte

Der Erdzentrierungspunkt, der Erdmittelpunkt des Menschen

Jetzt bitte ich dich um eine Kontrollübung. Nimm einen Zollstock zur Hand. Dividiere deine Körpergröße durch zwei und halte nunmehr das Ergebnis auf dem Zollstock an deinen aufrechten Körper. Hättest du gedacht, dass genau dort der Größen-Mittelpunkt deines Körpers liegt? Im Genitalbereich oder wenige Zentimeter darüber? Dass die Mitte soweit unten liegt? Es kann natürlich kleine Abweichungen nach oben oder unten geben, je nachdem, wie der Körperbau ist z.B. bei sehr langen oder kurzen Beinen. Jetzt wird klar, warum viele fernöstliche Kampfsport-, Meditations- und Entspannungstechniken das Kraftzentrum genau in diesem Bereich ansiedeln und warum der Bauch eine zentrale Rolle spielt. **Wenn du im Schwerpunkt bist, kann dich niemand so leicht aus der Fassung oder zu Fall bringen.**

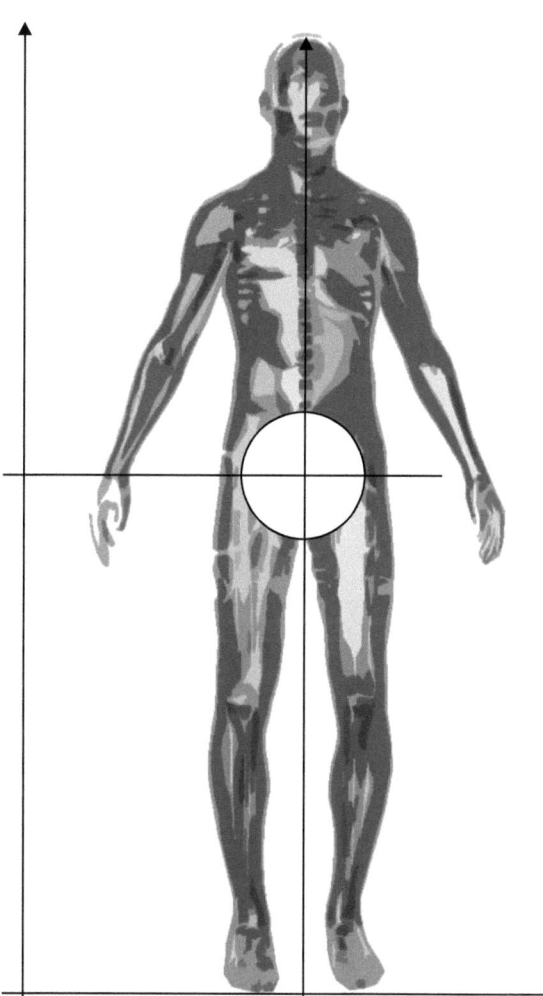

Wirkungen einer intakten Erdbeziehung

Die folgende Grafik gibt einen Überblick darüber, wie sich eine gute Erdung und intakte Erdbeziehung auf alle Bereiche positiv auswirkt. Ein Mensch, der gut ge-er-det ist, verfügt insgesamt über sehr viel mehr Energie und Gesundheit.

Gutes Geerdetsein verbessert:

Besinnung	Inspiration	Konzentration	Gedankenruhe	Information-Verarbeitung
Ent-schleunigung	Belastbarkeit	In sich ruhen	Gelassenheit	Zeit-/Raumgefühl
Im Ryhthmus sein	in"takt" sein	Kraft	Vetrauen	Bodenständigkeit
Standfestigkeit	verwurzelt sein	Verbunden-heit	Nachhaltigkeit	Slow Food
Schlafverhalten	Getragensein	Loslassen	Organtätigkeit	Selbstsicherheit
Impulswahr-nehmung	Muskeltonus	Atmung	Entspannung	Überblick

Sich wieder zu erden, Boden unter den Füssen zu gewinnen, bringt tiefes Vertrau-en, Ruhe und Gelassenheit. Solange du Mensch bist bleibst du aufgrund deiner Schwerkraft unweigerlich in der Erdanziehung. Die Erde ist „Grundlage" deines Lebens auf diesem Planeten. Die Erde gibt dir tiefen Halt. Darum „bleib auf diesem Teppich". Es schafft eine gesunde „Bodenständigkeit", die vertrauensbildend auf alle deine Mitmenschen wirkt. Wenn es uns schlecht geht, suchen wir „instinktiv" und „intuitiv" nach Erdung, nach äußerem und innerem Halt. Viele Menschen su-chen das Weite, den Ausblick, den Horizont, brauchen Luft und Freiheit, wenn sie es in bestimmten Situationen nicht mehr aushalten. Und nach einem Lauf oder Spaziergang durch die Natur kommen Gedanken teilweise oder ganz zur Ruhe. Sie atmen besser, sind wieder mehr bei sich selbst angekommen. Oder es sind die

Arme des Partners oder Freundes, die Berührung, die uns Halt geben. Angesichts der Probleme in der Welt stellt sich die Frage, ob nicht die Menschen, die uns regieren zunehmend „außer sich" und „abgehoben" sind, den Bezug zur Erde und den menschlichen Lebensgrundlagen vollkommen verloren haben.

 **Alle Übungen dieses Buches erden Sie im Hier und Jetzt. Hier einige ausge wählte Erdungsübungen:**

Anspannung – Entspannung (progressiv)

Im Sitzen oder Stand. Spanne alle Muskeln an. Die Beine, den Po besonders fest, den Bauch, den Rücken, den Brustkorb, die Arme sowie die Hände anspannen, indem du ganz feste Fäuste machst, auch Gesicht und Nacken anspannst. Halte die Spannung mindestens 20 Sekunden. Du besitzt 656 Muskel! Spüre den Panzer, deine Materie, deinen gesamten Körper als Festigkeit. Lasse dann so langsam wie möglich in Zeitlupentempo Muskel für Muskel wieder los. Spüre im anschließenden Atem- und Bodyscan nach, wie du dich jetzt in der Entspannung fühlst und wie du jetzt nach der Anspannung von selbst vertieft atmest.

 **Den Raum wahrnehmen**
Dauer: 5 Minuten
Feste Bezugspunkte und Raum spüren

Diese Übung wirkt körperlich und seelisch zentrierend und befreiend.
Setz dich aufrecht auf einen Stuhl oder Hocker, mit dem Po an den vorderen Stuhlrand. Dein Rücken ist frei. Schließe die Augen. Spüre alle die Körperteile, die einen festen Bezugspunkt haben. Die Fußsohlen am Boden sowie den Po auf dem festen Stuhl. Diese Stellen haben Berührung zur festen Materie im Raum. Spüre, wie viel Gewicht auf den Fußsohlen ruht – durch das Gewicht der Beine. Ebenso wie viel Druck und Gewicht auf den Po und den Stuhlrand übertragen wird. Alle anderen Körperbereiche haben keinen Kontakt zu einer festen Materie wie Stuhl oder Boden. Spüre, wie viel Raum bzw. Platz vor dir ist, dann wie viel Platz hinter dir ist – der Rücken und der Rückraum. Weiter den Platz und Raum rechts von dir, den Platz und Raum deiner linken Körperseite, den Platz und Raum über dir – hin zur Decke und dann den Raum unter dir zum Boden hin. Spüre alle Körperbereiche. Bis auf Füße und Po spüre den gesamten Raum um dich – die Atmosphäre, die

deinen Körper umhüllt. Atme weiter. Vielleicht tiefer als vorher. Öffne zum Schluss die Augen. Dehne und rekele dich genüsslich in den Raum vor dir, hinter dir, neben dir, über dir und unter dir aus. Spüre nun im anschließenden Atem- und Bodyscan für ein- bis zwei Minuten in Ruhe nach, wie es dir geht. Hat sich etwas verändert im Vergleich zum Zustand vor der Übung? Wenn ja, was genau?

Soweit die Füße tragen

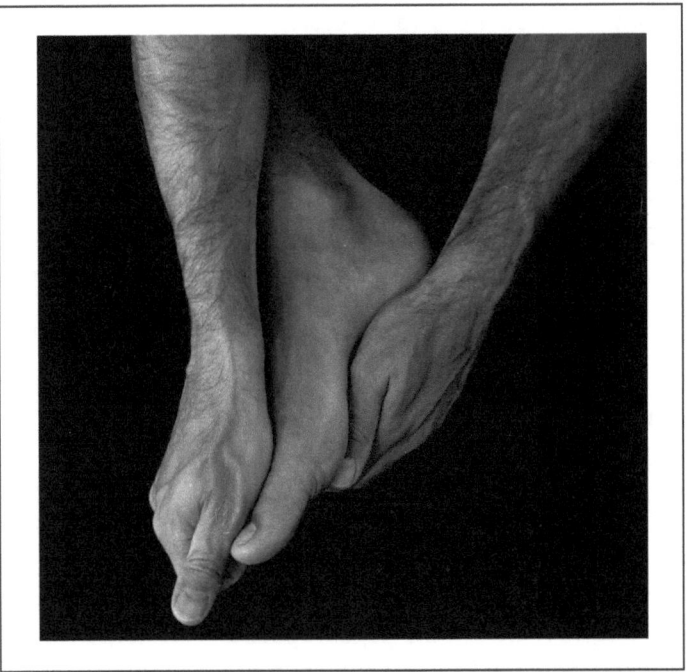

Deine Füße haben dich durch dein gesamtes Leben bis hierher getragen. Und sie tragen dich noch weiterhin durch dieses Leben. **Wie viel tausende Kilometer bist du schon durch dieses Leben gegangen? Dein „Lebenslauf" und „Werdegang" zeigen es auf.** Vielleicht kannst du dich bei ihnen bedanken. Füße sind nichts Scheußliches, sondern etwas Heiliges. Die Fußwaschungen bei Jesus. Die Füße sind die Kontaktflächen zu dieser Erde. Und sie besitzen unzählige wichtige Sensoren. Aus der Fußreflexzonentherapie weiß man um den Zusammenhang von bestimmten Fußzonen zu Körperbereichen und Organen. Auch Kneipp hat das in seine Arbeiten miteinbezogen. Jedes Kleinkind hat von Natur aus solche Lust, diese ersten komischen Schuhe auszuziehen und weiterhin barfuß zu rennen. Wenn Du zu viel in Gedanken und im Kopf bist, gehe einfach an das andere Ende deines Körpers. Suche den wahren „Grund", auf dem du stehst –

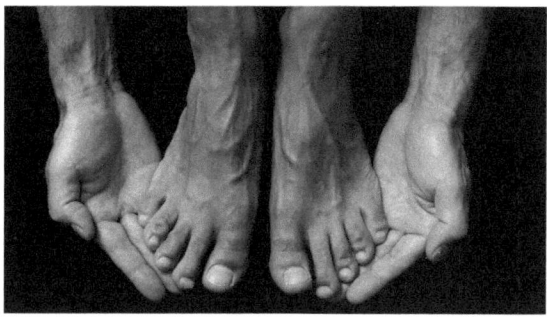

deine Füße in Beziehung zur Erde. So findest du körperlich und seelisch wieder Bodenhaftung.

Füße ankern – Fußgelenke trainieren

Ziehe die Schuhe aus. Stellen dich aufrecht hin. Spüre, wie das gesamte Gewicht durch die Beine bis zu den Fußsohlen in den Boden übertragen wird. Drücke nun die rechte Hüfte nach außen, so, dass du nur noch auf der rechten Außenseite vom rechten Fuß und der linken Innenseite vom linken Fuß stehst, ca. eine halbe Minute lang. Spüre genau die Abdrücke der verschiedenen Fußflächen. Auch die Dehnung in der Hüfte und außen im Oberschenkel. Dann mache es umgekehrt mit der linken Seite genauso intensiv. Also Hüfte nach links rausdehnen, soweit es geht. Danach stelle dich nur

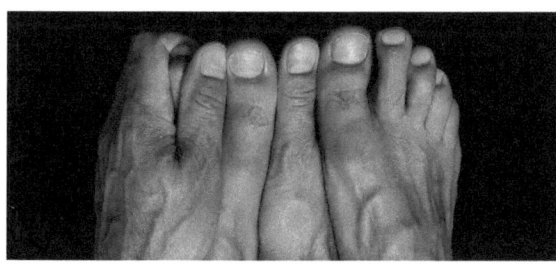

auf die Zehenspitzen. Halte die Balance für einige Zeit. Dann stelle dich nur auf die Fersen – aufpassen, wie gefährlich dieser Standpunkt ist! Als letzte Übungsfolge greife mit den Zehen auf dem Boden oder Teppich. Versuche dich festzukrallen. Oder nimm ein Stück Zeitung und versuche es mit den Zehen auseinanderzureißen. Zum Schluss stellen dich aufrecht hin. Spüre die gesamte Fußfläche. Verbinde dich mit der Erde. Lasse Wurzeln durch die Füße in die Erde wachsen.

Barfuß laufen

Gehe zuhause möglichst mit dicken Socken oder Hausschuhen mit ganz weicher dünner Sohle. Versuche im Frühling, Sommer und Herbst so viel wie möglich barfuß zu laufen. Falls du schon älter bist, übertreibe es am Anfang nicht! Denn Fußgelenke müssen sich erst langsam an die neuen Aufgaben gewöhnen, um sich zu kräftigen und zu dehnen.

Alles, was du sonst noch mit den Füßen machen können

Heiße und warme Wechselbäder. Fußmassage einschl. Zehen. Nutze einen Fußroller oder ab und zu die Hände Ihres Partners oder Freundes. Oder massiere mit deinen Füßen den Rücken deines Partners, der vor dir liegt. Ihr beide werdet erstaunt sein, wie spürsam und heilsam deine Füße sein können. In den 80er Jahren gab es eine alte weise Frau in Berlin, die ganz viele Menschen geheilt hat, indem sie mit Krücken über deren Rücken lief. Oder gönne dir eine professionelle Fußmassage. Sie wirkt Wunder.

Richtig gehen

Über die Art, wie wir richtg gehen sollten, verweise ich an dieser Stelle auf einen Freund, Dr. Peter Greb, der in seiner Forschung wissenschaftlich beweist, dass wir von Natur aus Ballengänger sind. Das Buch heißt „Ballengang – Rückenschmerzen und Haltungsschäden vorbeugen – Wissenswertes über das natürliche Gehen".

Umarmen andere oder lass dich umarmen

Von einem Freund, Partner. Begreife ihn und lasse dich fest begreifen. Die Hülle, die Beine, Arme, Kopf, Oberkörper, etc. oder umarmen sie sich fest. Wir werden viel zu wenig berührt, in unserer Hülle oft nicht wahrgenommen und begriffen. Mit Berührung verbinden wir meistens nur Sex oder totale Nähe. Was für eine Einschränkung und was für ein verirrter Sinn! Es wirkt Wunder, wenn Sie sich öfters berühren und umarmen. Im Nu bist du in deinem Körper und in der Gegenwart verankert, und das in einem guten Gefühl. Auch deine Gedanken werden runder und gelassener. Du atmest wieder auf. Dein Atem fließt.

Die Mitte ist unser Bauch

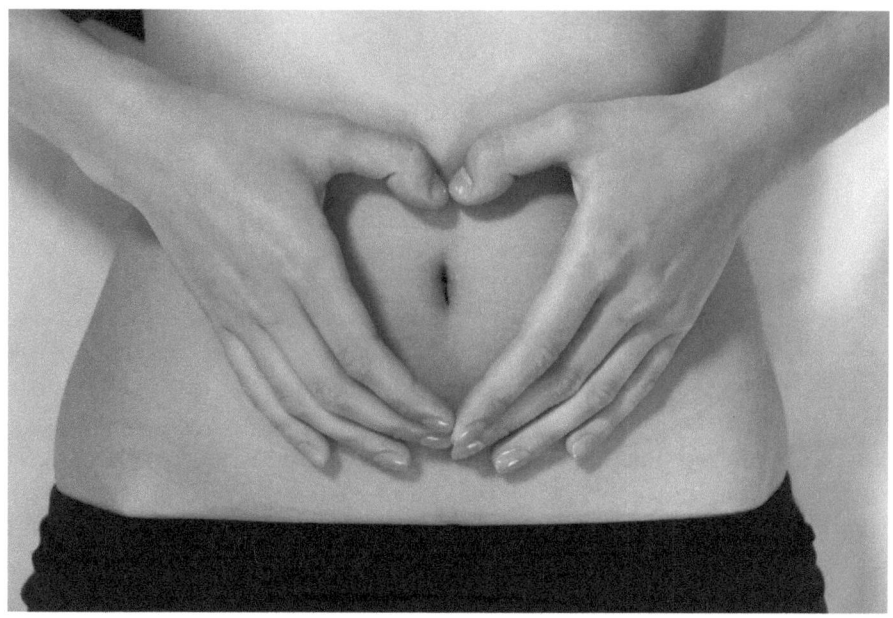

Im vorigen Kapitel hast du gelernt und erfahren, was Erdung bedeutet. Der Bauch ist ein bedeutsamer Teil der körperlichen Erdung. Er ist das Zentrum aller Lebensenergie. Ihre werdende Existenz hing für eine bedeutende Zeit an diesem Bauchnabel. Mit Eintritt in diese Erdatmosphäre wurde die Nabelschnur durchtrennt. Der Nabel ist der verbleibende Rest. Als sichtbares Zeichen auf deinem Bauch möge es dich daran erinnern, wo dein eigentlicher Ursprung ist. Eine neue Bewusstheit für den Bauch schafft ein intensives erfüllendes Lebensgefühl. Und mit der Basisatmung kannst du es sofort erlernen.

Auf den Bauch hören

Insbesondere bei wichtigen Entscheidungen, die von tragender Bedeutung sind, raten uns oft die besten Freunde, auf den Bauch zu hören. Ja sogar in Seminaren für Führungskräfte findet dieses Thema Aufmerksamkeit. Wenn wir auf den Bauch hören, hören wir dann vielleicht weiter und tiefer in uns hinein? Im Nachhinein sa-

gen auch viele, sie hätten damals auf ihren Bauch hören sollen oder bei richtigen Entscheidungen, gut, dass ich auf meinen Bauch gehört habe. Du kennst es auch: Man hat ein ungutes Gefühl oder ein gutes Gefühl bei einer Sache oder Entscheidung. Der Körper meldet sich dabei mit zu Wort. Auf den Bauch zu hören ist jedoch eher eine Metapher dafür, unserer Intuition zu folgen. Dabei greifen wir auf ein Erfahrungs- und Handlungswissen zurück, das wir uns im Laufe des Lebens angeeignet haben. Die Intuition sitzt mehrfach verteilt im limbischen Systems unseres Gehirns. Der Hauptlernmodus dieses Systems ist nicht Fakten zu lernen, sondern Heuristiken, d.h. Muster bzw. Prinzipien. Alle bereits im Leben erlebten Erlebnisse gehen in diesen Erfahrungsschatz ein. Dieser Erfahrungsschatz ist ebenso gefüllt mit körperlichen, sensorischen und emotionalen Erlebnissen. Wir spüren etwas, das tiefer ist als unser Verstand und verbinden das irgendwie mit einem Bauchgefühl. Mit der Logik können wir das aber nicht so schnell begründen.

Kopf- oder Bauchentscheidung?

Vor allem komplexe Entscheidungen, zu der in kürzester Zeit vielseitigste Informationen bereitgestellt und in Hochgeschwindigkeit verarbeitet werden müssen, überfordern unser logisches Denken. Untersuchungen zeigen, dass gerade dann die intuitiven bzw. Bauchentscheidungen besser sind als die logischen. Denn unser Verstand ist sehr begrenzt. Der dänische Wissenschaftautor Tor Norretranders hat versucht, die Informationskapazität des Bewusstseins in Zahlen auszudrücken. Während pro Sekunde insgesamt

mehr als 11 Millionen Bits über Augen, Haut, Ohren, Geruchs- und Geschmackssinn in unserem Hirn eintreffen, verarbeiten Sie beim Lesen dieses Satzes nicht mehr als 45 Bits pro Sekunde. Der Vorteil des Verstandes hingegen ist die Präzision. Der Verstand ähnelt einem Scheinwerferlicht, das einen kleinen Ausschnitt im Raum klar beleuchtet. So ist z.B. auf einer Bühne jedes Detail des Gesichts eines Schauspielers sichtbar, die Bühne und der ganze Rest des Theaters aber bleiben im Dunkeln. Unser bewusstes Denken ist zwar fokussiert, verliert aber durch seine Fixierung auf Details schnell das große Ganze aus den Augen. Vernunftentscheidungen sind immer dann wichtig, wenn wir zu einem Thema über gar keine Erfahrungen und Erlebnisse verfügen, also keine Verknüpfung zu einem Erfahrungsschatz möglich ist. Dann können Bauchentscheidungen auch verheerend sein. Zu den meisten Themen des Lebens verfügen wir jedoch über einen reichlichen Erfahrungschatz. Doch fast alle Menschen benutzen diesen Schatz zu wenig. Der Mensch weiß vielmehr als er „denkt". Für Albert Einstein war Intuition schließlich „alles, was zählt". Blaise Pascal: „Der letzte Schritt der Vernunft ist anzuerkennen, dass es unendlich viele Dinge gibt, die über sie hinausgehen". Was rational nicht sofort erklärbar scheint, muss nicht mehr unheimlich sein. Endlich ist in den letzten Jahren auch die Intuition Gegenstand wissenschaftlicher Forschung geworden.

Kann unser Bauch denken?

In einem Aufsehen erregenden Bericht in der Zeitschrift GEO 11/2000 wurde dieses Thema untersucht: „Wie der Bauch den Kopf bestimmt". Denn in Ihrem Bauch sitzt auch ein Gehirn. Der deutsche Nervenarzt Leopold Auerbach hat es Mitte des 19. Jahrhunderts als erster entdeckt. Als er ein Stückchen Darm zerlegte und unter einem einfachen Mikroskop genauer betrachtete, entdeckte er in die Darmwand eingebettet zwei Schichten eines riesigen Netzwerkes von Nervenzellen und Nervensträngen. Es enthält 100 Millionen Nervenzellen und somit 4-5 mal mehr, als im gesamten Rückenmark vorhanden sind. Es arbeitet nahezu unabhängig vom zentralen Nervensystem (ZNS) und wird auch als enterisches Nervensystem (ENS) bezeichnet. In der Funktion und Struktur ist es unserem Schädel-Haupthirn sehr ähnlich. Es enthält eigene sensorische Neuronen, Interneuronen und Motoneuronen. Darüber hinaus auch Serotonin und Dopamin, Opiate und Benzodiazepine. 40 Nervenbotenstoffen werden hier produziert.

Warum gibt es zwei getrennte eigenständige Gehirne, die absolut ähnlich sind, und nicht eines? Wenn es nur ein Gehirn gäbe, müssten die Datenstränge zum Bauch faustdick sein. Denn die Datenmengen sind immens! Das würde keinen

Platz mehr lassen für die vielen anderen Organe. Die Evolution hat sich darum ausgedacht, zwei Gehirne zu bilden. Denn das Bauchhirn steht in unmittelbarem Kontakt zur Außenwelt. Es hat die gigantische Aufgabe der Verstoffwechselung: Im Laufe eines 75-jährigen Lebens mehr als 30 Tonnen Nahrung und 50.000 Liter Flüssigkeit zu kontrollieren, auszuwerten, zu verdauen. Das passiert mit dem größten Organ, dem Darm auf einer Fläche von 300-500 qm. Kann nicht sein? Doch. Denn die Darmschleimhaut ist stark gefaltet und im Dünndarm mit über zehn Millionen fingerförmigen Zotten versehen. Das entspricht der Größe eines Tennisplatzes inkl. Auslaufzone oder eines Basketballfeldes. Somit ist der Darm mit Abstand unsere größte organische Kontakt- und damit Kommunikationsfläche zur Außenwelt. Und hier sitzt mindestens ¾ des gesamten Immunsystems. Das Bauch-hirn muss darum Enormes leisten. Es sendet mehr Informationen an das Kopf-hirn als es von diesem empfängt. 90% der Nervenbahnen laufen vom Darm zum Hirn, nur 10% vom Kopf zum Bauch. Ob die meisten Geistesblitze vielleicht also aus dem Bauch kommen? Dies ist bis heute nicht eindeutig bewiesen, auch nicht der Zusammenhang zur Intuition. Leider gibt es hier keine weiteren Forschungser-gebnisse. Hoffentlich erfahren wir in Zukunft mehr darüber. Gute Wissenschaftler müssten die richtigen Fragen dazu stellen: Könnte nicht angesichts dieser vielen neuen Erkenntnisse der Bauch auch ein Teil der biologischen Matrix für das große Unbewusste sein? Für jene ebenfalls vor etwa 100 Jahren entdeckte psychische Innenwelt des Menschen, die bis heute relativ unerforscht in uns schlummert? Das Unbewusste- eines der großen Rätsel der Wissenschaft für die nächsten Jahr-hunderte. Alle Bauchhirn-Experten sind sich aber heute schon darin einig: „Es gibt die Weisheit des Bauches."

Alle Erfahrungen werden auch körperlich abgebildet - sie sind entscheidungsrelevant!

Alle Erfahrungen und Erlebnisse werden immer auch körperlich und gefühlsmäßig in unserem Erfahrungsschatz abgebildet. Der portugiesische Neurowissenschaftler nennt sie „somatische Marker". Dabei handelt es sich um Gefühle und körperliche Empfindungen, die wir „gespeichert haben", d.h. aufgrund unserer Erfahrungen immer wieder ähnlich reproduzieren. Diese Fähigkeit, Körperwahrnehmungen mit Wahrnehmungen zu verknüpfen, ist uns teils angeboren, teils entwickelt sie sich im Zuge der Sozialisation des Individuums. Die somatischen Marker sind nach Da-masio die Grundlage unserer Entscheidungen. Sie helfen uns beim Denken, indem sie Vorentscheidungen treffen und uns, ohne dass es uns bewusst würde, in eine bestimmte Richtung drängen, vor Dingen warnen, mit denen wir schon einmal schlechte Erfahrungen gemacht haben, oder die Aufmerksamkeit auf etwas Wichtiges lenken. Auf diesem Weg beeinflussen sie eben auch das abstrakte Denken und Urteilen, das wir als gefühlsneutral erleben.

Die Körpererfahrung ist ein wichtiger Zugang zu unserem Denken, Fühlen und Verhalten - sowohl im Jetzt als auch aus der Vergangenheit. Körpersprachlich gibt es viele Redewendungen, die auf den Bauch und auf einen Zusammenhang hinweisen: „Schmetterlinge im Bauch", „dem ist eine Laus über die Leber gelaufen", „dem geht es an die Nieren", „ihr schlägt es auf den Magen", „jemand spuckt Gift und Galle", „jemand ist stinksauer" (betrifft die Magensäure), „das ist ein hohler Mensch", „aus dem hohlen Bauch sprechen" oder jemand hat „Wut im Bauch", „jemanden Löcher in den Bauch fragen", „sich gebauchpinselt fühlen". Und wenn wir schlimme persönliche Nachrichten erhalten oder Schockerlebnisse hatten, müssen wir das alles erst mal „verdauen", d.h. verarbeiten. Jedes Mal, wenn ein Mensch Entscheidungen in einer ähnlichen Situation fällen muss, basiert diese nicht nur auf intellektuellen Kalkulationen, sondern wird massiv von jenen unbewussten Informationen aus dem gigantischen Katalog von gespeicherten Emotionen und Körperreaktionen mitgeprägt - der Intuition. Darin sehen Forscher auch eine Triebfeder der Evolution: Die starke Ausbildung der vorderen Hirnrinde im Kopf ist dem Bauch zuzuschreiben. Denn von dort unten kommt die größte Masse an Information, an Feedback, wie Prof. Emeran Mayer (Gastroenterloge) es nennt, das oben verarbeitet werden muss.

Der Bauch als Quelle zur Kreativität

Der Kontakt zum Bauch und damit zur eigenen Mitte (siehe auch Körperschwerpunkt S. 95) ist sehr förderlich für das kreative Schaffen. Vor allem für aufführende Künstler, Schauspieler, Tänzer und Musiker ist die eigene Körperwahrnehmung und Zentrierung essenziell für ihren kreativen Ausdruck. Im Rahmen ihrer Ausbildung lernen sie im wahrsten Sinne des Wortes mit der Erde verbunden zu sein und sich aus ihrer Mitte heraus darzustellen. Denn nur so können sie ganz im Moment sein und gewinnen authentische Präsenz. Auch bei diesem Prozess geht es darum, die Enge des filternden Verstandes zu durchbrechen und in die Tiefe des eigenen Wesens vorzudringen. All diese unterschiedlichen Wege dienen letztlich dazu, die rigide Ordnung des Verstandes zu durchbrechen. Oder wie Nietzsche sagte: „Man muss noch Chaos in sich haben, um einen tanzenden Stern gebären zu können" (Nietzsche: „Also sprach Zarathustra"). Aber das kann unser Verstand nicht, denn »die Quelle unserer Kreativität liegt im Unbewussten«, schreibt der Wissenschaftsjournalist Bas Kast in seinem Buch „Wie der Bauch dem Kopf beim Denken hilft". Da der bewusste Verstand nur mit einer Hand voll Informationen umgehen kann, geht es im Verstand normalerweise nicht chaotisch zu, sondern geordnet."

Der Bauch ist voller Leben

Während man im Brustkorb nur die großen Lungenflügel sowie das Herz findet, ist der Bauch dagegen vollgestopft mit den meisten Organen: Magen, Bauchspeicheldrüse, das Solarplexus-Nervengeflecht, Leber, Niere, Dünndarm, Dickdarm, Mastdarm, Zwölffingerdarm, Milz, Gallenblase, Blase, bei der Frau Eierstöcke und Gebärmutter, beim Mann die Prostata. Wer einmal heftigste Bauchschmerzen erlebt hat, weiß, wie existentiell sich das anfühlt. Hält man ein Stethoskop an den Bauch, taucht man unweigerlich in eine neue Geräuschwelt ein. Gerda Boysen (1922 in Norwegen geboren), die Begründerin der Biodynamischen Psychologie und Psychotherapie, auch als „Dame mit dem Stethoskop" bezeichnet, entwickelte unter anderem die Theorie (sowie eine spezielle Massage), dass der Abbau psychischen Stresses auch mit dem Verdauungssystem zusammenhängt. Sie unterschied eine Vielzahl von Peristaltikgeräuschen und verwertete sie diagnostisch für Rückschlüsse auf die unbewussten Prozesse des Klienten. Wenn es uns im Bauch gut geht, fühlen wir uns ganz. Und im Bauch passiert ja noch viel mehr: z.B. Entgiftung, Ausscheidung, Sexualität, Zeugung, Schwangerschaft, Geburt, Hormonproduktion, Eiweißstoffbildung. Und es findet sich ein Gehirn in unserem Bauch (siehe Kapitel vorher). Es würde jedoch den Rahmen dieses Buches sprengen, noch tiefer ins Detail zu gehen. Ich empfehle jedem Leser, hier selbst aktiv zu werden und sich Wissen über die Organfunktionen anzueignen. Denn sie liegen in der Mitte unseres Seins.

Das Leben im Darm beeinflusst Denken und Persönlichkeit

Stell dir für einen Moment das Bild bzw. den Film als Karikatur im Zeitraffer vor, wie im Laufe eines 75-jährigen Lebens mehr als 30 Tonnen Nahrung und 50.000 Liter Flüssigkeit, diese gigantische Umweltmasse, durch den Menschen wandert, verwandelt und wieder ausgeschieden wird.

100 000 Milliarden Bakterien sind im Darm angesiedelt. Es ist das am dichtesten besiedelte Ökosystem. Diese Bakterien machen 1- 2 kg deines Körpergewichtes aus und liefern 30% aller

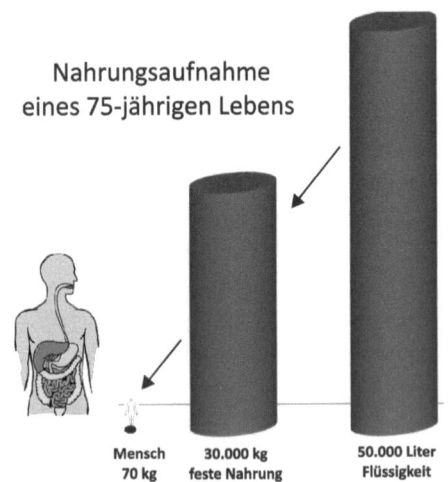

Nahrungsaufnahme eines 75-jährigen Lebens

Mensch 70 kg | 30.000 kg feste Nahrung | 50.000 Liter Flüssigkeit

Lebensenergie! Heute kann man das Mikrobiom des Darmes bei jedem Menschen bestimmen. Neue Forschungen bestätigen in Versuchen, dass bestimmte Bakterien, Probiotika und Antibiotika, unser Denken und unsere Persönlichkeit mit beeinflussen. Über die Darmflora kann man auch zunehmend Krankheiten diagnostizieren. Darum ist die Gesunderhaltung der Darmflora die wohl wichtigste Investition für ein funktionierendes Immunsystem.

Der Bauchnabel als Mittelpunkt unseres Seins

Ein großer Augenblick: Als ich die Nabelschnur bei meiner Tochter durchtrennen durfte. Du und ich, wir alle hingen einmal daran, an dieser wichtigen Lebensader zur Mutter. Vor unserer Geburt entwickelte sich ein komplexes Versorgungs- und Koordinationssystem um den Nabel herum – und dieses System bleibt unser ganzes Leben lang in Funktion. In der chinesischen Medizin wird der Bauchnabel als „Palasttor des Geistes" bezeichnet und spielt eine wichtige Rolle, denn er liegt in der Mitte des Körpers und des Geistes. Er ist die Quelle des Blutes, die Wurzel der Blutgefäße aber auch die Schaltstelle über die das sogenannte Qi (Lebens-energie), die Lebensessenz, das Blut und der Geist fließen. Darüber hinaus ist er eine Verbindung zu den inneren Organen. Deshalb können die Körperfunktionen direkt über den Bauchnabel (Moxa- keine Nadel) aber auch über die Nadelung, der ihn umgebenden Akupunkturpunkte geregelt werden. Die Bauchakupunktur ist vergleichsweise ein recht neues Behandlungskonzept, das etwa vor 23-25 Jahren in China entwickelt wurde. Bei uns ist sie jedoch bislang noch ziemlich unbekannt. Das Behandlungskonzept ist ein in sich abgeschlossenes Mikrosystem, um chronische und genauso akute Beschwerden und Krankheitsbilder zu behandeln. Der Erfinder der Bauchakupunktur ist Professor Bo Zhi Yun. Die Bauchakupunktur beinhaltet Theorien der Traditionellen Chinesischen Medizin sowie Grundlagen der Daoistischen Denkweise, ist aber eine völlig neue Technik, die ausschließlich über Akupunkturpunkte am Bauch erfolgt.

Wie steht es mit der Bedeutung des Bauches in unserer Kultur?

Auf der physiologischen Ebene finden wir in unserer heutigen westlichen „Kultur" das Ideal des Bauches in Form eines Waschbrettbauches, ganz im Gegensatz zu anderen Kulturen des Ostens und auch in vielen des Südens. Das jugendliche Ideal eines glatten geraden Bauches ist nach wie vor ein umsatzträchtiger Werbe- und Unternehmenskult. Da wird der Bauch auch gerne mal krampfhaft eingezogen nach der Devise „Brust raus – Bauch rein": die Standardpose in der Werbung und auch in Militärdrills. So ist der Bauch auch bei den meisten Menschen eher negativ besetzt, weil sie sich ständig mit einem vorgegebenen Ideal vergleichen. Und wer kann tatsächlich dieses Idealbild erreichen? Fast niemand, von einigen Ausnahmen mal abgesehen. Alles dreht sich eher darum, den Bauch zu verstecken, durch das Werbebombardement der Schönheits- sowie Pharmaindustrie wegzutrainieren, abzusaugen oder wegzudiäten. Anders hingegen ist es in der Schwangerschaft. Hier lässt sich der Bauch nicht mehr verstecken. Viele Frauen, die schwanger sind, atmen auf, endlich auch mal dick sein und den Bauch zeigen zu dürfen, endlich nach Lust und Laune essen und fressen zu dürfen. Eine entspannende Auszeit, sich nicht ständig an Idealen messen zu müssen, wie Schwangere berichten. Doch gleich nach der Geburt geht der Kampf wieder los, einen Waschbrettbauch zu besitzen. Viele Versuche sind deswegen nicht immer förderlich für das Gesamtbefinden. In einer absolut jugendwahnbesessenen Konsum- und Wettbewerbskultur mitzuhalten fordert seine Opfer. Nicht jeder schafft es dann mit 50 Jahren und älter auf das Treppchen der jünger aussehenden Selbstdarstellung. So verdient die Schönheitschirurgie, die Gesundheits-, Kosmetik- und Pharmaindustrie Milliarden an der Angst der älter werdenden Generation, die alt ist, sich aber nicht alt fühlt und nicht alt erscheinen will. Wir leugnen natürliche hormonbedingte körperliche Veränderungen. **So führt der Bauch in unserer westlichen Welt eher ein Krüppeldasein. Er darf in den meisten Fällen nicht sein, zumindest nicht stärker in Erscheinung treten. Wenn der Bauch aber unsere Lebensmitte ist, aus dem heraus das tiefste Leben erst entsteht, wie soll dann ein gutes ‚Lebensgefühl' entstehen?** Es geht mir nicht darum, nun einen fülligen bzw. dicken Bauch als neues Ideal zu favorisieren bzw. die zunehmende Fettleibigkeit Deutscher und vieler Europäer durch die immer schlechtere und unbewusste Ernährungsweise gutzuheißen. Nein. Es geht zunächst darum, den Bauch, so wie er ist, kennenzulernen, wahrzunehmen, zu fühlen, zu spüren, anzunehmen, ob dünn oder dick. Eine Bewusstheit für den Bauch zu entwickeln! Denn an diesem Ort passiert viel. Ein gesunder Bauch muss sich bewegen und entfalten können. Die Bauchmuskeln, die Bauchatmung, die Lendenwirbelflexibilität, die Ernährung und die Rhythmen von Spannung und Entspannung spielen dabei eine bedeutende Rolle. Denn die darunter liegenden Organe ticken nach ihrer eigenen Uhr, ihrem eigenen Rhythmus. Gegen sie zu arbeiten, führt zu großen Beeinträchtigungen und Störungen im Leben.

Östliche Weisheit – Zentrum der Lebensmitte

Der Bauch – im Japanischen auch als „Hara" bezeichnet - ist nicht nur das Zentrum der physiologischen Körpermitte. In der japanischen Kultur ist es auch das Zentrum im geistigen Sinne – die Mitte des Menschen. Die Sprachwendungen mit dem Begriff Hara beziehen sich auf die Grundbeschaffenheit des Charakters und damit auf die Gesamtverfassung des Menschen, z.B. „Hara no ara hito" – ein Mensch mit Mitte und „Hara no nai hito" ein Mensch, dem die Mitte fehlt. Wir kennen ebenso aus unserem Sprachgebrauch, Menschen die ‚hohl' sind, denen etwas fehlt. Aus dem Buddhismus ist Ihnen wahrscheinlich das Bild des lachenden dicken Buddha bekannt. Doch Buddha war kein dicker Mensch, so wie es bei Statuen oft dargestellt wird.

Dazu gibt es eine von vielen Geschichten: Ein dicker Kaufmann sah die Mönche meditieren, die aber selbst kein Geld hatten, um etwas zu essen zu kaufen. Er empfand Mitleid und versorgte sie mit genug Nahrung, damit sie die Regenzeit überstehen konnten. Wegen dieser Geste wurde der Kaufmann von vielen Menschen verehrt und als Statuen verewigt. In einem Land, in dem stets Knappheit an Nahrung herrschte, war ein fettleibiger Mensch etwas Besonderes. Denn dies symbolisierte Macht, Reichtum, eine hohe Stellung. Diese Statuen des dicken Buddha haben ihren Ursprung oft in China, wurden durch Medien und Hollywood zum größten Teil in Umlauf gebracht, inklusive Chinarestaurants. Doch ursprünglich ist die Fülle des Bauches als geistige Fülle zu verstehen – eine innere Haltung zum Leben. Es gibt viele Buddha-Statuen mit weniger Bauch. Alle Statuen strahlen inneren Frieden und Ruhe aus.

In den traditionellen chinesischen und japanischen Heil- und Kampfkünsten wird der Bauch, das Hara, als das wichtigste Energiezentrum bezeichnet. Nach der chinesischen Medizin entspringen alle Meridiane (Energiebahnen) im Bauch – allen Organen sind hier Reflexzonen zugeordnet. Der menschliche Körper wird verglichen mit einem Baum: Das Hara sind die Wurzeln, die durch die universelle Lebensenergie genährt werden und diese Energie an den Körper weitergeben. Mit

Neue Bewusstheit für den Bauch

Wenn wir all die Fakten und Erkenntnisse über unseren Bauch addieren, dann bietet sich hier die Chance zu einer neuen Bewusstheit für unseren Bauch. Mit Bewusstheit meine ich eine Achtsamkeit, Aufmerksamkeit, Wahrnehmung für die Empfindungen, Prozesse und Gefühle in diesem Inneren. Eine Einladung, den Filter in unserem Kopf etwas zu lockern und das bisher Unbewusste aus dem Bauch ein Stück nach oben zu lassen. So weit, dass wir nicht den Verstand verlieren, sondern mehr Informationen aus den unteren Bereichen, aus dem Unbewussten, erhalten. Wir wissen heute so viel über die Welt – wir werden tagtäglich mit Tausenden Informationen überschüttet. Aber diese Informationen berühren nicht unsere Existenz. Das Wissen bleibt abstrakt und äußerlich, es verändert sich nicht: Es bleibt reines Verstandeswissen, nichts weiter. Das, was wir bisher versäumt haben, ist die Kultivierung eines „existentiellen" Wissens, eines Erfahrungswissens von uns selbst. Die Bewusstheit für den Bauch ist dabei ein zentraler Baustein. Unsere werdende Existenz hing für eine bedeutende Zeit am Nabel. Als sichtbares Zeichen auf unserem Bauch möge es uns daran erinnern, wo unser eigentlicher Ursprung ist.

Wirkungen

- Verbesserung der Lendenwirbelsäulenbeweglichkeit
- Verbesserung der Durchblutung der Beine
- Linderung und Heilungsunterstützung von Rücken- und Beinbeschwerden
- Verbesserung der Durchblutung aller Bauchorgane
- Linderung und Heilungsunterstützung von Potenzstörungen
- Linderung von Verdauungsproblemen/-schmerzen
- optimale Lungenatmung durch Belüftung der größten Lungenlappen
- Senkung von Bluthochdruck
- Verbesserung des Schlafs und Schlafverhaltens
- Verbesserung der Haltung und Balance
- Entschleunigung- Stressreduktion
- Stärkung der Selbstsicherheit und des Selbstvertrauen

Weitere Wirkungen sind ähnlich der Beschreibung auf Grafik S. 95 „Geerdet-Sein". Denn beide Kapitel hängen eng miteinander zusammen.

Übungsteil:

Nimm dir immer wieder kleine Auszeiten von einigen Minuten, deine Sinne zu gebrauchen und reale Erfahrungen zu diesem Thema zu machen. Übe. Praktiziere. Bleibe an diesem Thema dran. Schreibe deine Erfahrungen in einem speziellen Trainingstagebuch auf. Nutze dazu die Vorlagen im Anhang. Damit kannst du dir die Dimension dieses Kapitels wirklich „begreifbar" machen. Entdecke dich selbst. du wirst so die Strukturen, Impulse und Wirkungsweisen deines Körpers besser kennenlernen.

Praktische Einstiegsübungen:

Wie bewußt ist dir dein Bauch?

Wie stehstehst und verhältst du dich zu deinem Bauch?
Beantworte dir ehrlich folgende Fragen:

• Wie fühlst du dich in deinem Bauch? Organisch- Wohlgefühl oder Beschwerden. Fühlt und fühlte sich dein Bauch bisher sehr wohl an (keine Beschwerden, Krankheiten, sonstiges), nur der Kopf- Deine Vorstellungen- mäkeln an ihm herum?

• Gibt es organische Schwachstellen in deinem Bauch, die du kennst? Ist irgendein Organ anfälliger? Hast du bereits in deinem Leben Erfahrungen mit Organbeschwerden (Magen oder Darm, Herz, Nieren, Eierstöcke, Prostata, Galle, Blase etc.) gemacht?

• Hast du deinen Bauch lieb? Pflegst du ihn mit guten gesunden Lebensmitteln? Mit Bewegung und Entspannung? Mit wenig Ärger und Stress?

• Wie stehst du zu deinem Bauch? Äußerlich betrachtet. Wie betrachtet dein Kopf bzw. Ihr Verstand deinen Bauch? Gibt es Vergleiche zu anderen Bäuchen? Möchtest du einen anderen Bauch haben? Z.B. Weniger Bauchumfang? Warum möchtest du einen anderen Bauch haben?

• Wibst du dem Bauch für Nahrung? Wie ernährst du dich? Fühlt sich das gut an? Ist der Bauch leicht und frei? Wie ist die Verdauung? Wie ist der Stuhl? Gibt es Beschwerden? Was möchtest du verbessern? Wo und welche Hilfe kannst du dir holen?

• Nackte Tatsachen
Stelle dich zu Hause nackt vor einen Spiegel. Schau genau deinen Bauch an. Von vorne und auch von den Seiten. Das sind „nackte Tatsachen"! Kannst du zu diesem Abbild bedingungslos „Ja" sagen? „Ja- das ist mein Bauch". Kannst du der Wahrheit ins Gesicht sehen, den Bauch so annehmen und akzeptieren, wie er ist? Ich meine nicht, dass du ihn unbedingt schön finden müssen, sondern akzeptierst, dass es so ist, wie es ist. Ohne einen inneren Kampf oder Verkrampfung? Wenn du deinen Bauch nicht so annehmen und akzeptieren können, wie er jetzt ist, egal ob dick oder hager, dann hast du einen möglichen großen inneren Konflikt. Das raubt dir viel Energie. Wenn du diesen Konflikt löst, werden am Ende erfolgreiche Handlungen daraus entstehen. Probier es liebevoll mit den folgenden Übungen.

Basisatmung - Bauchatmung - Zwerchfellatmung

Die Basisatmung, auch als Bauch-, Tiefen- und Zwerchfellatmung bezeichnet, belüftet vor allem die mittleren und unteren Lungenflügel. Hier befindet sich das größte Lungen- und damit Atemvolumen. Mit der Brustatmung kannst du dies nie erreichen. Deshalb ist diese Atemweise die wichtigste, die du beherrschen solltest. Denn diese tiefere Atemweise fördert die Massage und Durchblutung aller Organe im Bauch. Wie bereits erwähnt, ist das Zwerchfell der größte Atemmuskel, es bewegt und drückt alle Organe im Bauch im Einatmen nach unten, in die Seiten und nach hinten, im Ausatmen rutschen sie wieder in die Ausgangslagen zurück. Damit erhalten die Organe direkt und indirekt wichtige Impulse zur Funktion. Siehe auch S. 16 , 24, 121.

Körperübung / Erdung

Wenn möglich ziehe die Schuhe aus. Setze dich auf einen Stuhl oder Hocker. Schiebe den Po und unteren Rücken soweit nach hinten, dass du guten Kontakt zum Stuhl hast. Schließe die Augen und spüre zunächst all die Berührungsflächen des Körpers zur festen Materie. Spüre die Füße und Fußflächen auf dem Boden. Anschließend spüre die Sitzfläche mit Po und Oberschenkel. Spüre auch die Rückenfläche ganz oder teilweise an der Rückenlehne des Stuhles. Bleibe aufgerichtet. Lege die Hände auf den Bauch. Jetzt spanne bitte die tiefen Becken-, Schließ-, Po- und Bauchmuskeln so fest wie möglich an. Halte diese Spannung für ca. 10-20 Sekunden lang an, je nach Kraft, die du hast. Nun lasse die Anspannung ganz langsam los. Spüre, wie du jetzt tiefer in den Bauch atmest. Genieße mindestens 30- 60 Sekunden, wie es von selbst atmet, wie der Bauch sich im Einatmen hebt und im Ausatmen flacher wird, ganz von alleine, ohne dein Zutun. Wiederhole dies dreimal. Zum Schluss rekel und dehne dich genüsslich in alle Richtungen. Rekel und dehne dich auch zusätzlich im Stehen. Spüren, wie wach und auch körperlich kraftvoll du jetzt wirst!

Gewicht auf Bauch

Rückenlage- Beine hochgelagert

In dieser sehr einfachen, jedoch äußert effektiven Übung werden insbesondere deine Bauchwahrnehmung und Basisatmung sensibilisiert. Wichtig ist die optimale, richtige Entlastung der Lendenwirbelsäule. Die Unterschenkel liegen bis zur Kniekehle am Hocker- oder Stuhlrand.

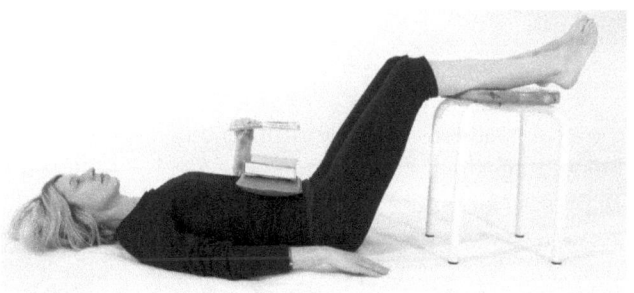

Lege nun drei bis fünf dicke Bücher auf den unteren Bauch zwischen Nabel und Schambein. Schließe die Augen. Konzentriere dich auf die Gewichtsstärke auf deinem Bauch, so, als wolltest du dieses Gewicht innerlich mit deiner Wahrnehmung messen. Nimm jetzt das oberste Buch langsam herunter. Vergleiche anschließend den Gewichtsstand genau. Spüre wirklich tief hinunter. Dann nimm das nächste Buch weg und verfahren genauso. Wenn du das letzte Buch herunter genommen hast, wie fühlt sich jetzt die Bauchdecke, der Bauch an? Wie ist die Atmung? Kannst du tiefer und leichter in den Bauch atmen? Am Schluss lege deine Hände sanft ruhend auf den unteren Bauch. Spüre, wie die Hände von der Bauchdecke getragen und sanft im Einatmen gehoben werden, sich senken im Ausatmen. Du kannst diese Übung auch mit einer angenehm warmen Wärmflasche machen.

Kreuzbeinmassage mit Tennisbällen

Dies ist eine Variation der vorangegangenen Übung und wunderbar mit dieser zu kombinieren. Lege dich in Rückenlage auf eine Matte oder Teppich auf dem Boden. Die Beine aufstellen. Nimm drei gebrauchte Tennisbälle oder kleine Gymnastikbälle. Lege diese zu einem dichten Dreieck zusammen unter das Kreuzbein - das ist der Bereich zwischen Steißbein und letztem Lendenwirbel. Lasse nun dein Gewicht des Beckens auf den Bällen ruhen. Das kann am Anfang etwas schmerzen und ist normal. Bewege für 1-3 Minuten langsam dein

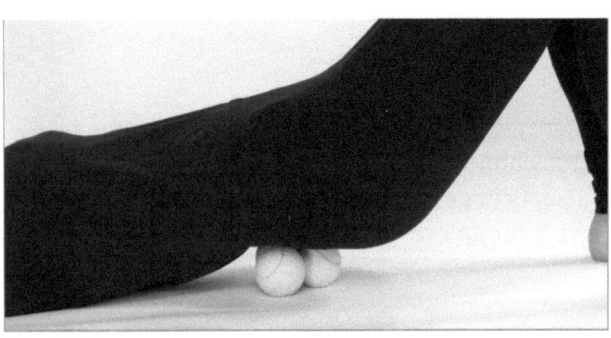

Becken kreisend oder seitlich hin und her. Solltest du anfangs zu starke Schmerzen bei dieser intensiven Druckpunktmassage haben, dosiere das Körpergewicht oder nimm weichere Bälle. Halte die Atmung nicht an, sondern atme kontinuierlich weiter. Entferne anschließend die Bälle, bringe das Becken auf den Boden zurück, lasse die Beine aufgestellt stehen und spüre Sie 1-3 Minuten in diese aktivierte Stelle nach. Dieses Nachspüren ist äußerst wichtig! Spüre die Empfindungen, die

Durchblutung im Kreuzbein und wie sich diese immer wieder verändern. Zum Schluss legen die Hände in die Leistengegend, spüre von den Händen aus durch den Bauch zu dem Kreuzbein auf der Rückenseite. Atme jetzt sanft in den Bereich zwischen Händen und Kreuzbein. Zum Abschluss rekele und dehne dich kräftig und genussvoll genau aus diesem Kreuzbein heraus in alle Richtungen.

Bauch in die Hände nehmen

Bauchstreichen- Lendenwirbel reiben

Setze dich aufrecht, Po am Stuhlrand. Streiche deinen Bauch mit beiden Händen angenehm im Uhrzeigersinn. Anschließend reibe kräftig mit Fäusten oder Handrücken die Kreuzbeingegend. Beklopfe diese ebenso wirkungsvoll. Spüre nach, wie durchblutet und lebendig der untere Rücken ist. Nimm zum Abschluss die Bauchgegend in die Hände- eine Hand hinten am Kreuzbein (evtl. mit dem Handrücken), die andere Hand vorne auf dem unteren Bauch. Schließe die Augen. Spüre den Bauch und den Raum zwischen deinen Händen. Suche eine imaginäre Verbindung zwischen deinen beiden Händen. Atme in deine Hände. Variation: Lasse es in deine Hände atmen.

Intensivübung zum Bauch / 10- 20 Minuten

Die drei letzten Übungen - Gewicht auf Bauch, Kreuzbeinmassage mit Tennisbällen, Bauch in die Hände nehmen- kannst du in dieser Reihenfolge zu einer Intensivübung zusammenfassen.

Anspannung - Entspannung (progressiv)

Wiederholung S. 97

Tagebuch / Bilanz / Auswertung

Siehe Vordrucke S. 170

Atem und Background

Rückgrat gewinnen

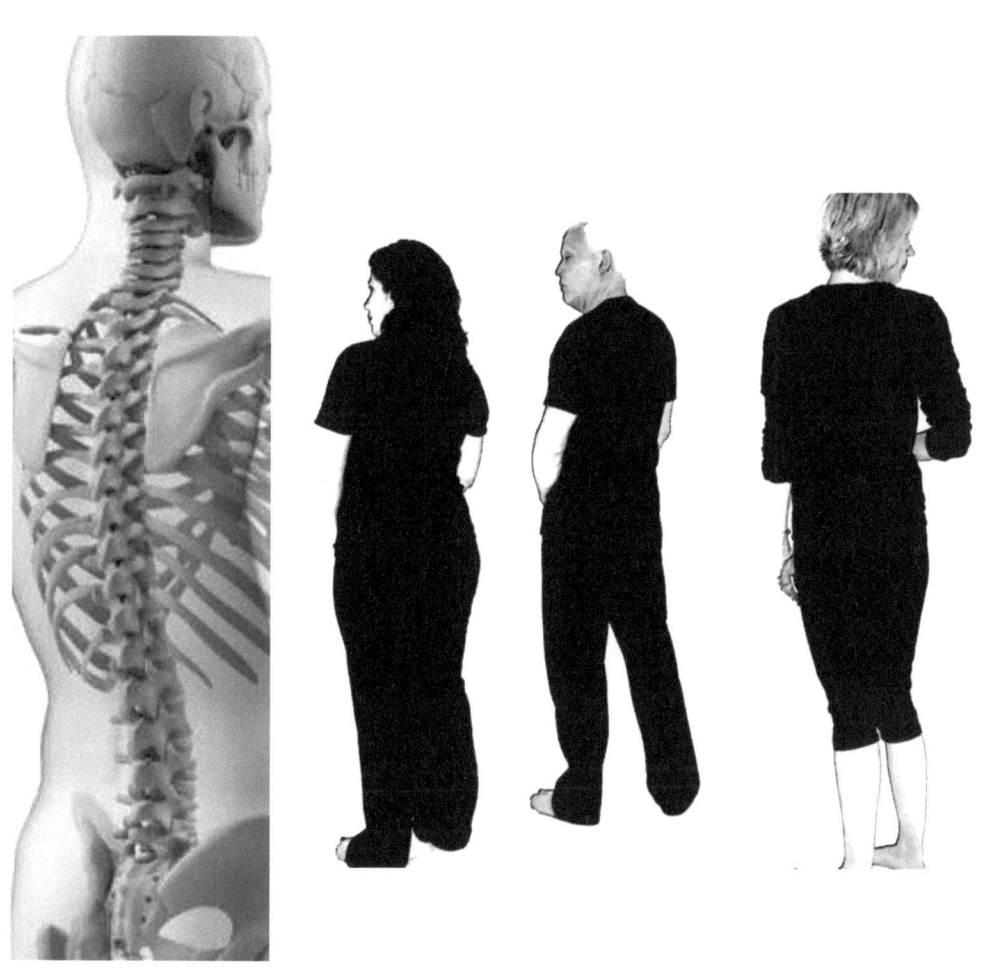

Rückgrat erwünscht. Der Grat, auf dem wir wandern.

Das Stiefkind unserer Kultur.

Atmungsweisen sind immer ganz eng mit der Haltung eines Menschen verbunden. Die Atemmuskulatur ist mit der Skelettmuskulatur verwoben. Unsere Haltung ist vor allem in der Rückseite begründet, der Seite des Körpers, die nicht selbst zu sehen ist und für die meisten Menschen ungesehen bleibt. Doch schlummert gerade hier das größte Energie- und Kraftreservoir, ebenso der Zugang zum Unbewussten und zur Intuition. Fast alle Nerven finden dort ihren wichtigen Verlauf, im Rückenmark, und treten zwischen den Wirbelgelenken aus. In diesem Kapitel geht es neben physiologischen Fakten insbesondere um den psychosomatischen sowie ganzheitlichen energetischen Aspekt unserer Rückseite. Denn sie bildet den „Background", den Hintergrund, den Urgrund aller menschlichen Entwicklung.

Der Grat, auf dem wir wandern

Es gibt eine große Grete, die in der Rückseite unseres Körpers verankert ist – das Rückgrat. Ohne dieses Rückgrat wären wir vielleicht in der Evolution ein Weichtier geworden? Vielleicht eine Qualle? Aber wir sind ein Wirbelwesen geworden. Unser Rücken besteht aus 34 Wirbeln einschließlich Kreuzbein und Steißbeinwirbel. Wir können unseren Kopf wenden wie wir wollen: Wir sehen unseren Rücken nicht, im Gegensatz zur Vorderseite, die wir in unserem Leben ständig genauestens und lange begutachten. Beim Friseur oder bei der Kleideranprobe im Kaufhaus oder in der Boutique können wir durch doppelte Spiegel für kurze Augenblicke unseren Hinterkopf oder Rückseite sehen, ansonsten bleibt der Rücken schon optisch ein blinder Fleck. Er ‚rückt' aus unserer Wahrnehmung und ist der Schatten im Körperbewusstsein.

Der Rücken – das Stiefkind unserer Gesellschaft

Der überwiegende Teil unserer Bevölkerung erlebt den Rücken nicht als Lust und Kraftreservoir, sondern oft als Last. So sind Rückenschmerzen die häufigste Schmerzform: Bis zu 85 % der Bundesbürger leiden gelegentlich daran. Jede fünfte Frau und jeder siebte Mann leidet unter chronischen Rückenschmerzen. Lediglich 15 % dieser Rückenschmerzen lassen sich jedoch auf einen spezifischen, eindeutigen Grund zurückführen. Bei 85 % ist die Ursache hingegen ungeklärt, was die Behandlung erheblich erschwert. Prävention spielt angesichts dieser Datenpunkte offensichtlich eine entscheidende Rolle (Quelle: Gesundheitsberichterstattung des Bundes, Heft 7, Chronische Schmerzen). Über 30 Millionen Fehltage, so die Techniker Krankenkasse, gehen jedes Jahr auf das Konto von Rückenschmerzen. Muskel-Skelett-Erkrankungen sind mit einem Anteil von rund 25 Prozent die Hauptursache für krankheitsbedingte Fehltage in deutschen Unternehmen. Und das hat seinen Preis: Auf 48,96 Milliarden Euro schätzt eine Studie der Helmholtz-Gemeinschaft und der Universitäten München und Greifswald von 2008 den volkswirtschaftlichen Gesamtschaden. Im Jahre 2014 waren es bereits über 55 Milliarden Euro (Quelle: Prof. Dr. Dietrich Grönemeyer, Mein Rückenbuch, 2004).

Sitzen ist die häufigste Ursache für Rückenschmerzen:
Im Laufe eines Arbeitslebens sitzen wir rund 80.000 Stunden. Büroangestellte verbringen rund 85 % des Berufsalltags mit Sitzen. Beim geraden Sitzen drücken 90 kg auf die Wirbelsäule, beim Vorbeugen 170 kg. 80% der chroischen Rückenschmerzen sind auf eine Vernachlässigung der Rückenmuskulatur zurückzuführen.

Anatomische Fakten

Bevor wir den Rücken aus psychodynamischer und körpersprachlicher Sicht betrachten, sei hier zunächst in Kürze an die anatomischen Fakten erinnert. Unsere Wirbelsäule ist das Grundgerüst für unseren Rumpf. Lediglich durch sie kann der Mensch in einer aufrechten Position gehalten werden. Sie hat drei entschiedende Funktionen: Uns zu schützen, zu stützen und zu bewegen. Sie besteht aus 33 bis 34 knöchernen Segmenten, den Wirbeln. Sie werden eingeteilt in: 7 Halswirbel, 12 Brustwirbel, 5 Lendenwirbel, 5 Kreuzwirbel, die als einheitlicher Knochen zum Kreuzbein verschmolzen sind und 4 - 5 Steißwirbel, die als einheitlicher Knochen zum Steißbein verschmolzen sind.

Stützfunktion mit Stoßdämpfer

Bei unserer Wirbelsäule ist die Kombination zweier strukturellen Eigenschaften für die Dämpfungsfunktion verantwortlich: die Doppel-S-Form der Wirbelsäule bewirkt mit den verformbaren Zwischenwirbelscheiben bzw. Bandscheiben bei einwirkenden Kräften eine Stauchung der gesamten Wirbelsäule. Außerdem wird ein Teil der einwirkenden Kräften z.B. bei Stößen beim Laufen, Springen oder Gehen in eine innere Reibung und Wärme umgewandelt. Dies geschieht, indem innerhalb der Zwischenwirbelscheiben der Faserring verformt wird. Wichtig ist die Dämpfungsfunktion vor allem zum Schutz unseres Gehirns. Vergleichen kann man das Phänomen mit einem Auto und dessen Stoßdämpfer.

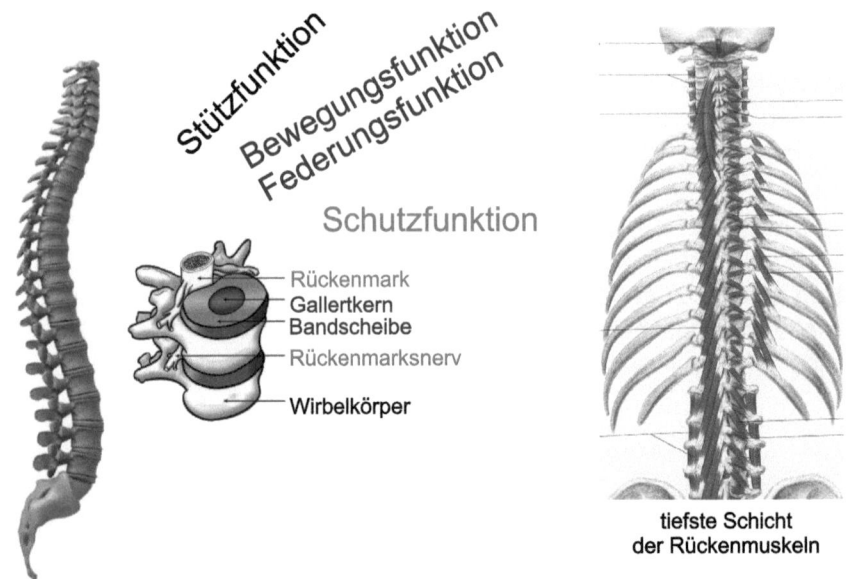

Stützfunktion
Bewegungsfunktion
Federungsfunktion
Schutzfunktion

Rückenmark
Gallertkern
Bandscheibe
Rückenmarksnerv
Wirbelkörper

tiefste Schicht
der Rückenmuskeln

Die Stützfunktion der Wirbelsäule wird im vorderen Abschnitt durch die in doppelter S-Form übereinander liegenden Wirbelkörper gewährleistet. Zwischen den einzelnen Wirbelkörpern befinden sich die Bandscheiben. Im hinteren Anteil der Wirbelsäule gewährleistet die Reihe der sich gegeneinander abstützenden Gelenke die Stabilität. Die Gelenke selbst sind durch einen starken Bandapparat und Gelenkkapseln miteinander verbunden.

Die Schutzfunktion

Im Inneren der Wirbelsäule, im so genannten Spinalkanal, befindet sich geschützt das Rückenmark. Dieser dicke Nervenstrang erstreckt sich vom Gehirn bis zum zweiten Lendenwirbel, dort endet das Rückenmark. Bis zum Steißbein verlaufen Nervenbahnen innerhalb des Wirbelkanals. Unser Nervensystem ist für die Weiterleitung aller nervlichen Signale vom Körper zum Gehirn und umgekehrt zuständig. Jeweils zwischen zwei Wirbelkörpern, also in unmittelbarer Nähe der Bandscheiben, treten einzelne Nerven (Nervenwurzeln, Spinalnerven) aus und teilen sich in weitere Äste auf, die die nervale Verbindung zu den verschiedenen Körperregionen herstellen.

Die Bewegungsfunktion

Das Zusammenspiel verschiedener Muskeln mit der Wirbelsäule sowie die Bandscheiben zwischen den einzelnen Wirbelkörpern machen eine Beweglichkeit der Wirbelsäule möglich. Diese unterscheidet sich in den einzelnen Abschnitten deutlich.Jeder Wirbelsäulenabschnitt hat, wie bereits erwähnt, unterschiedliche Aufgaben und Funktionen wahrzunehmen und ist dadurch unterschiedlichen Belastungen ausgesetzt. Die Bewegungsfunktion dient der Erhaltung des körperlichen Gleichgewichts (Stehen, Gehen, Laufen), dem Beugen, Strecken, Drehen, der Volumenveränderung im Brust- und Bauchraum (Atmung) und der Ausgleichsbewegungen.

Was hat der Rücken mit der Atmung zu tun?

Der Rücken bildet unsere Haltung – innerlich und äußerlich. Die Haltung wiederum ist mitbestimmend für unterschiedliche Atmungsweisen. Das eine bedingt das andere. Das Zwerchfell ist einerseits an den unteren Rippenbögen befestigt. Die Rippen sind wiederum über Gelenke mit der Wirbelsäule verbunden. Auf der Rückseite ist das Zwerchfell aber auch noch mit der Lendenwirbelsäule verbunden. Wird die Wirbelsäule nun gebeugt oder gestreckt oder seitlich gedehnt, verändert sich automatisch die Atmungsweise. Somit ist ein Training an der Haltung und Muskulatur direkt und indirekt auch ein Training an der Atmung.

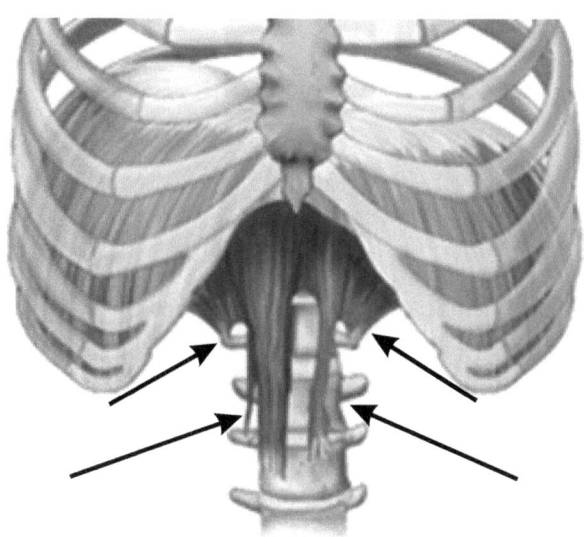

Ebenso ist die Brustwirbelsäule sehr eng mit der Atmung verbunden. Wenn Sie die Brustwirbelsäule strecken und aufrichten, wird der Brustkorb ausgedehnt – automatisch müssen Sie mehr einatmen.

 Stell dich aufrecht hin, halte den Kopf hoch, das Kinn gerade nach vorne und richte den Blick entspannt in den Raum hinein. Atme tief ein und aus und lege ein Lächeln auf die Lippen. Gehe ein paar Schritte in dieser aufrechten Haltung. Spüre in deinem Körper nach, was sich verändert. Atmest du jetzt tiefer? Fühlst du dich souveräner und beschwingter als vorher? Versuche jetzt dir in dieser Haltung ein niederdrückendes Ereignis in Erinnerung zu rufen. Es wird dir wahrscheinlich schwerfallen. Vielleicht wirst dabei auch registrieren, dass dein Körper unwillkürlich „zusammenfallen" und dein Blick sich senken will. Deine Atmung verflacht sich. Du atmest kaum noch oder nur sehr flach. Ebenso schwierig wäre es, mit eingezogenem Brustkorb, hängendem Kopf und Schultern in eine gute Stimmung bzw. Atmung zu kommen.

Probleme und schlechte Muskelspannung – Unter-/Überspannung

in Halswirbelsäule	behindern eine freie Lungenspitzenatmung
in Brustwirbelsäule	schränken eine gute Brustkorbatmung ein, z.B. frei auzuatmen
in Lebenwirbelsäule, Kreuzbein und Steiß	behindern eine gute und tiefe Basisatmung = Tiefen-, Bauch-, Zwerchfellatmung

Richtige Haltung wird meistens nach einer vorgegebenen äußeren Norm erlernt oder antrainiert. Aber oft ist eine solche Haltung nicht von langer Dauer. Hier geht es darum, Haltung aus dem inneren Spüren heraus, aus dem Empfindungsbewusstsein zu entwickeln. Je mehr du das Zusammenspiel der Atmung mit den äußeren und inneren Körperstrukturen entdeckst, desto stärker korrigiert sich deine Haltung und Atmung von selbst und von innen heraus.

Der Hintergrund – der Background des Menschen

In der Betrachtung und ständigen Auseinandersetzung mit der Vorderseite, wie wir von vorne wirken und erscheinen, vergessen wir den Hintergrund – den Grund unseres Seins. So bleibt vieles im Verhalten nur „vordergründig" i.S. von oberflächlich, welches Medien erfolgreich vermarkten. Wir vermissen Rückgrat, Hintergrund und Tiefe in den Leitbildern unserer Gesellschaft, welche für Glaubwürdigkeit und Werte stehen. Vordergründigkeiten, damit meine ich den Schein statt Sein, werden inzwischen so gut professionell trainiert und vermarktet, dass der normale Bürger nicht mehr weiß, was echt ist und nicht. Wir erhalten Informationen, die wir nicht mehr zuordnen können – eine Desinformation. Mit solchen Informationen können wir nichts anfangen. Das erzeugt ein Klima von Verunsicherung, Gleichgültigkeit, Misstrauen und Rückzug. In dieser Zeit ein eigenes ‚Rückgrat' zu bewahren, Aufrichtigkeit zu zeigen und zu seinen Überzeugungen wirklich zu stehen erfordert einen hohen Grad an Selbstwert und Zivilcourage.

Unsere Sprache zeigt es auf. „Hintergrund" beinhaltet körperlich die Rückseite sowie den „Grund", auf dem wir stehen. Im Englischen ist es der „Background". Diese Rückseite wird den Menschen körperlich meistens erst durch Schmerzen und Beeinträchtigungen bewusst. In Ausnahmefällen und oft zu wenig erfahren gibt es aber auch die angenehmen Empfindungen. Wenn eine Wärmflasche oder die Sonne den Rücken tief durchwärmen oder wir auf einer warmen Oberfläche liegen, wenn wir massiert und gekrault werden am Rücken. Alle kennen das Gefühl dieser wohligen körperlichen und seelischen Entspannung. Und wir bieten zur Massage immer als erstes den Rücken an, so wie jedes Tier auch, nicht die Vorderseite, den Bauch. Die Endpunkte der Rückseite sind am oberen Ende der Hinterkopf – „was man so im Hinterstübchen, im Hinterkopf hat" – und am unteren Ende die Rückseite der Ferse in Kontakt zum Boden. Die Rückseite hat damit einen Grund – einen Hintergrund! Dieser Hintergrund spiegelt auch zu einem großen Teil unsere Geschichte in Form unserer gewachsenen Haltung und unserem Ver'halten' wider. Verhalten hat immer mit unserem Rücken zu tun, ob wir flexibel, locker, unterwürfig, starr oder steif auf Situationen reagieren.

Umgangssprache zum Rücken

Unsere Umgangssprache ist unendlich reich und kreativ darin, unsere Rückseite als wichtigen Orientierungspunkt einzubeziehen. Der Vordergrund enthält in keiner Weise sprachlich eine solche Vielfalt, wie der Rücken. In dieser „Rück"beziehung wird die tragende Kraft aus dem Hintergrund bewusst.

Hier eine kleine Sammlung von Worten und Redewendungen in Bezug auf den Rücken: Sich den Rücken stärken, sich den Rücken frei halten, hinterlistig, hinter dem Rücken Dinge tun, in den Rücken fallen, Hinterhältigkeit, Rückendeckung, Dinge, die nach hinten losgehen, mit dem Rücken an der Wand stehen, gebrochener Rücken, vor etwas einknicken, Duckmäuser, sich für etwas verbiegen und krumm machen, vor jemandem buckeln, zu viel Last auf die Schultern laden, etwas schultern, halsstarrig sein, hartnäckig, verrückt, entrückt, Rückmeldung, Feedback, etwas wieder zurecht rücken, ins Lot bringen, wieder gerade biegen, hinter einer Sache stehen, zu einer Sache stehen, Respekt, Rücksicht nehmen.

Die Körpersprache des Rückens

Was lauert da im Hintergrund?

Das, was im Hintergrund passiert, ist meistens nicht so deutlich wahrnehmbar wie das, was sich im Vordergrund abspielt. Im Hintergrund lauern Gefahren. Wieviel „Hinter"listigkeit gibt es? Wieviel „Hinter"hältigkeit? Wieviel „Hinter"gedanken haben Sie in bestimmten Gesprächen mit Menschen? Was hält man „hinter" dem Berg? Was hat man in seinem „Hinter"stübchen? Manche Menschen greifen aus dem „Hinter"halt (Versteck) an. Was tuscheln andere „hinter" Ihrem Rücken? Kennst du das Gefühl, „rücklings" liegengelassen und übergangen zu werden? Oder noch schlimmer: „Jemand fällt dir in den Rücken". Oder das Gefühl, „mit dem Rücken an der Wand zu stehen" – ohne Ausweg, in Ausweglosigkeit? Wo holst du dir „Rückendeckung" in Konflikten und wie haltst du dir den Rücken frei – frei von was? Wie weit sträuben sich dir in manchen Situationen die „Nackenhaare" oder es läuft dir eiskalt den Rücken runter? Und welche Rücken können entzücken? Und was passiert, wenn „Dinge nach hinten losgehen"? Das heißt doch, dass sie außer Kontrolle geraten und gefährlich werden.

Gebrochener Rücken

Kennst du Menschen, die in bestimmten Punkten „einknicken" oder auch „gebrochene" Menschen? Wo machst du dich für etwas „krumm" bzw. „verbiegen sich"? Wie viele Menschen ducken sich und kriechen irgendwo hinein? Kennst du „Duckmäuser", die sich vor etwas „ducken" oder „drücken"? Wo sind Menschen „gebeugt" worden, wo und durch was lässt du dich beugen? Wird mit der Beugung deines Willens nicht auch dein Rückgrat gebeugt? Kennst du Menschen, die vor bestimmten Sachen „buckeln" oder sich „unterwerfen"? Kennst du Menschen, die zu viele „Lasten auf ihren Schultern" tragen, die sich überlasten und dann unter ihren Lasten zusammenbrechen? Das Kreuz mit dem Kreuz. Bis eine Bandscheibe zwischen den Wirbeln wenige Millimeter aus ihrer Lage rutscht z.B. bei einem „Vorfall" – man fällt nach vorne, die Haltungskoordination bricht zusammen und legt einen großen Teil des Körpers unter großen Schmerzen vollkommen lahm. Schaue dir diese Haltung von gebrochenen Menschen in entsprechenden Situationen genau an. Gleiche dieses Bild einmal ab mit einem Menschen, der sehr aufrecht und gerade steht. In den meisten Fällen entschlüsselst du sehr schnell, wie es diesem Menschen geht.

Hartnäckigkeit

Die Beweglichkeit der Wirbelsäule ist im Halswirbelbereich am größten. Wie schnell, wie leicht können wir den Kopf wenden, drehen, nicken, d.h. lebendig kommunizieren und vor allem nach allen Seiten Ausschau halten können? Für Überlebenssituationen in Gefahren ist diese Beweglichkeit absolut wichtig. Viele Menschen sind „halsstarrig", starr und steif im Hals oder auch hart im Nacken – „hartnäckig". Hartnäckig eine Sache zu verfolgen, heißt im positiven Sinne auch, sich nicht ablenken zu lassen, nicht ständig nach rechts oder links zu schauen, sondern starr nach vorne hin eine Sache zu verfolgen. Andererseits geht damit ein großer Verlust an Flexibilität einher, an Leichtigkeit und Lockerheit. In der Kommunikation mit hartnäckigen Menschen kommst du sehr schnell an deine eigenen Grenzen von Verständigungsmöglichkeiten. Die Auseinandersetzung ist weitaus härter und schärfer. Halsstarrigkeit, Hartnäckigkeit bedingen eine Einschränkung des oberen Atemraumes sowie Verspannungen in Schulter-, Brust- und Armmuskulatur. Ähnlich geht es dir vielleicht mit Menschen, die in jeder Situation „stocksteif" bleiben. Aber dann gibt es auch die „Wendehälse", die ihr Fähnlein immer nach dem Vorteilswind ausrichten.

Ver"rückt" sein

Es gibt verrückte und entrückte Menschen. Wir bezeichnen Menschen als ver-"rückt", wenn sie zu weit aus unserer eigenen Wirklichkeit bzw. unserem Blickfeld „ent"rücken, als dass wir sie noch irgendwie erreichen und verstehen könnten. Wir erleben verrückte Dinge, an die wir uns genau erinnern. Diese andere ver-rückte Wahrnehmung und dieses verrückte Handeln ist oft sehr bereichernd und befreiend zum Trott unserer Alltagsroutine. Wo bist du verrückt? Wo unterbrechst du deine Alltagsroutine, um ein wenig verrückt zu sein? Kennst du das Ende des Films „Alexis Sorbas", als er anfängt zu tanzen in einer Situation, die zum Heulen ist? Doch über das Tanzen kehrt die Lebensfreude mit enormer Kraft zurück.

Bitte um Rückmeldung

Wenn wir uns zurückmelden, meint das immer auch einen festen Standort oder Bezug im Hintergrund, von dem wir gestartet sind. Oder du musst noch „Rück-sprache" nehmen, bevor du eine geplante Handlung ausführen kannst. Wir geben Personen „Rückmeldung" zu ihren Handlungen, Kompetenzen, Verhaltens-weisen. In einem solchen „Feedback" (körpersprachlich Füße und Rücken) erhal-ten Personen Anhaltspunkte zur Orientierung, zu Dingen, die sie selbst in ihrem Verhalten nicht genügend erkennen können.

Rück' das mal wieder zurecht – etwas ins Lot bringen

"Rück' das mal wieder zurecht" bzw. „bieg' das wieder gerade", was vielleicht vor-her falsch gemacht oder falsch verstanden wurde und eine Schieflage hatte. Es wird sich schon wieder alles „einrenken" nach genügend Zeit. Das kommt schon wieder „ins Lot", es wird sich schon wieder „richten". Solche Aussagen haben Sie sicherlich schon irgendwo gehört. Hier zeigt sich, dass die Richtschnur immer die Schnur des Aufrechtseins, der Aufrichtigkeit, der Geradlinigkeit ist. In der Aufrich-tung – wie bereits aus S. 48 erwähnt – haben wir den größten Entfaltungsspiel-raum, Flexibilität und Leichtigkeit. Wenn du ein Gewicht auf dem Kopf trägst, hast du eine leichtere und bessere Haltung und Ausdauer als wenn du mit gekrümm-tem Rückgrat einen Korb vor sich her trägst. Je krummer du bist, desto größer wird die Erdanziehung, die Kraft, die dich weiter nach unten zieht. Und dies hat auch Folgen bis hin zum Grund – zu den Füßen. Je besser und entspannter du auf dem Boden stehst, desto leichter ist die Aufrichtung. Wenn du an irgendeiner Stelle im Rückgrat „einknicken" – psychisch = physisch – entsteht gleichzeitig eine messbare Spannungsverlagerung auch nach unten bis in die Beinmuskeln und weiter in die Fußflächen. Der „Grund" wird dadurch mit den Füßen nicht mehr so erfassbar wie zuvor. Bist du im Lot, in einer optimalen Aufrichtung deines Rückgrates, hast du auch eine bessere Gewichtsverteilung über die gesamte Fußfläche. Wie du die Welt „begreifst", hängt entscheidend auch davon ab, welche „Bodenhaftung" du hast oder wie „abgehoben" du bist. Wo stehst du voll und ganz zu und damit „hinter" einer Sache? Und wo stehst du für eine Sache „gerade"? In welchen Bereichen? Wie fühlt sich das körperlich an? Wie fühlt sich das seelisch an? Wo stehst du nicht ganz hinter einer Sache? Wie fühlt sich dies im Vergleich dazu an? Siehe auch Kapitel – Erdschwerpunkt S.. 93.

In Meditations-, Achtsamkeits- und Präsenztrainings wird immer auch die Aufrichtung lange geübt. Meine Devise: Guter „Unter"-"richt" schafft Grundlagen für Aufrichtung. Diesen Satz darfst du gerne noch mehrmals lesen und in Wortinhalten und der körpersprachlichen Verankerung vieldeutig nachfühlen. Zum Großteil haben wir es jedoch nur noch mit Überrichten und Abrichten zu tun, in dem kein Spielraum mehr bleibt, die eigene Richtung und Haltung zu entwickeln, zur Persönlichkeit heranzureifen. Die Folgen dieser Richtungslosigkeit erfahren wir jetzt im jahrzehntelangen Verschlafen von Bildungsreformen, einer Orientierungslosigkeit und einem sozialen Wertevakuum der Gesellschaft, ja der gesamten Welt mit all den schrecklichen Folgen. Wir müssen diese Dinge wieder zurecht rücken, gerade rücken, ins rechte Licht rücken, so dass die bessere Beleuchtung eine Veränderung im Bewusstsein herbeiführt.

Rücksicht nehmen = Respekt

Rücksicht nehmen meint, dass man etwas berücksichtigt. Etwas, das vordergründig nicht sichtbar ist. Wenn man Rücksicht nimmt, denkt, schaut und handelt man aus seinem Background heraus. Rücksicht nehmen ist immer eine Form des Respekts (lat. respectare – zurückschauen, sich umschauen). Man bezieht in seiner Umschau und Rückschau mehr Informationen ein und fügt sie zu einem Gesamtbild zusammen. Mangelnde Rücksicht bedingt immer eine vorsätzlich oder fahrlässig eingeschränkte Wahrnehmung und Handlung. In der Kommunikation, die nicht auf Rücksicht, d.h. Respekt gegründet ist, kommt es zu emotionalen Verletzungen. Fast alle Krankheiten entstehen auch durch Rücksichtslosigkeit sich selbst gegenüber, z.B. in Form der Lebensweise, der Leugnung von Körpersignalen und Warnhinweisen. Die Folge ist Krankheit, die in dieser Form endlich wahrgenommen wird. Wenn du im Straßenverkehr keine

Rücksicht walten lässt, führt dies zu vielen Gefahrensituationen und Unfällen. Alle Straßenverkehrsunfälle passieren durch Rücksichtslosigkeit, zum erheblichen Teil mehr bei dem Verursacher Nr.1, der Verbote bewusst oder unbewusst übertritt und ebenso zu großen Teilen bei dem angeblichen Opfer als Verursacher Nr. 2. Ich bezeichne hier das Opfer auch als Teilverursacher. Sie sind in der Gesamtsituation beteiligt. Wir haben Sinne, Wahrnehmungen und Intuition, Gefahrenquellen rundum zu erkennen – den siebten Sinn. Wie weit dieser dann auch funktioniert bzw. trainiert ist, ist eine andere Frage. Alle Formen von Brüchen, Verstauchungen, Verletzungen beruhen auf mangelnder Rücksicht, der eingeschränkten Wahrnehmung innerer Impulse. Es passiert immer in Unachtsamkeit, mangelnder Impulswahrnehmung, einseitiger Konzentration und durch Gedanken(ablenkungen), die für die Bewältigung dieser Situation nicht ausreichen. Frage in jeder Krankheitsgeschichte, leichter noch bei Unfallgeschichten nach, was diese Menschen in diesen Augenblicken kurz vor Eintritt des Ereignisses beschäftigte, welche Gedanken sie hatten, wo und wie ihre Aufmerksamkeit und Wahrnehmung war. Du wirst immer erfahren, dass die Menschen nicht im HIER und JETZT waren, in der Wachsamkeit, in der Präsenz, die für die Bewältigung dieser Situation notwendig gewesen wäre.

Wie steht es mit Ihrer Rücksicht?

Wie weit be"rück"sichtigst du deine inneren Herzensbedürfnisse, inwieweit nehmen Sie „Rück"sicht auf andere? Gibt es verschiedene Stärkegrade von Rücksicht gegenüber Partnern, Kindern, Verwandten, Freunden, Bekannten, Arbeitskollegen? Wie „rücksichtslos" kann jemand sein? Welchen „Hintergrund", „Background" wünschst du dir von Menschen in deinem Freundeskreis oder von Vorgesetzen und Kollegen? Wie aufrecht und respektvoll bist du selbst? Wo und wie beweist du Rückgrat und zeigst Haltung? Menschen, die einen guten Background haben, besitzen gutes Wissen über Zusammenhänge und auch über sich selbst.

Rücken als Lust und Befreiung

Wie fühlt es sich an, „sich den Rücken frei zu halten"? Einen Raum, ein Stück Freiheit hinter sich zu haben? Dieser freie Rückraum ist Garant für einen größeren Handlungs- und Entscheidungsspielraum. Körperlich und mental haben wir definitiv mehr Platz für Ausdruck, Bewegung, Angriff, Rückzug oder Flucht. Und wie fühlt es sich an, wenn dir jemand „den Buckel runterrutschen" kann? Wenn du in der Dusche stehst und das warme Wasser den Rücken herunterfließen lässt oder wenn dir jemand in einer Massage den Rücken von oben nach unten kräftig ausstreicht. Eine Last fällt von den Schultern und fließt nach unten in den Boden. Deswegen lässt du körperlich, und damit gleichzeitig mental, viele Dinge einfach mal „den Buckel runterrutschen" oder probierst es lustvoll mit einem Partner oder Vertrauten, sich gegenseitig sehr kräftig den Buckel nach unten auszustreichen. Stress ade! Lust, Entspannung sind die Folgen! Und da gibt es auch noch das zornige Gefühl „Du kannst mich mal!" Dann doch meist von hinten und an einem bestimmten Körperteil. Dies scheint ja auch ein verstecktes Lustzentrum zu sein. Ein weiteres Gefühl der Lust und Freiheit ist, wenn dich etwas „beflügelt". Hier sind deine Schulterblätter und Arme gemeint. Du könntest abheben, so „beschwingt" bist du. Welch eine Freiheit öffnet sich dabei im oberen Rückenraum bis hin in die Halsregion! Ein Higherlebnis! Du atmest nach oben, du atmest auf!

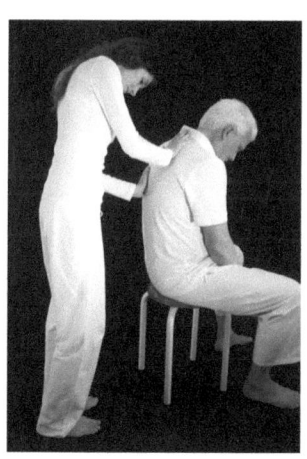

Sich den Rücken stärken

Wer stärkt dir den Rücken? Wem stärkst du den Rücken? Mit genügender Rückendeckung gewinnst du mehr Kraft und Sicherheit. Du wagst dich etwas mehr aus deinem Versteck heraus und trittst aufrichtig in Erscheinung. Vielleicht bekommst du Rückenwind: Dann wird ist zum Genuss, sich nach vorne zu bewegen. Alles wird viel leichter!

Fazit:

Der Rücken ist unser größtes unbewusstes Kraftreservat. Unsere Sprache weißt uns tagtäglich darauf hin. Wir müssen sehr viel mehr Rücksicht auf unseren Rücken nehmen, diesen Hintergrund leibhaftig in Wirklichkeit mit den Sinnen viel mehr erspüren und damit beleben als wir es bisher tun. Rücksicht nehmen und sich den Rücken stärken ist ein Balanceakt – die Dinge im Vordergrund im Auge zu behalten ohne die Rückseite weiter zu vernachlässigen. Dies setzt eine Sinneswahrnehmung voraus, die den Rücken und damit die Rücksicht grundsätzlich in jede Handlung und Haltung einbindet. Rücksicht nehmen ist effektive Nachhaltigkeit im Umgang mit sich selbst, den Menschen, Tieren und der Natur. Es ist gelebter Respekt! Fangen Sie einfach bei sich an. Tun Sie etwas für Ihren Rücken. Wenn du in tiefer Achtsamkeit den Rücken in deine Wahrnehmung mit einbeziehst, wirst du von selbst eine neue innere und äußere Aufrichtung erfahren. Du gewinnst an Rückgrat und Background! Eine Kraft, die ausstrahlt und andere anzieht.

Übungsteil
Praktische Einstiegsübungen:

Allgemeine Wirkungen
Verbesserung der Haltung und Aufrichtung
- Verbesserung und Vertiefung der Atmung
- Linderung und Heilungsunterstützung bei Rückenschmerzen/-problemen
- Verbesserung der Impulswahrnehmung für Rückenbedürfnisse (rechtzeitig zu bewegen, zu kräftigen oder zu entspannen)
- Verbesserung des Herz-Kreislauf-Systems
- Verbesserung der Wahrnehmung für den Rückraum und die Raumwahrnehmung
- Verbesserung der Körperbalance
- Verbesserung der Leistungskraft und Ausdauer
- Verbesserung der Konzentration
- Verbesserung der körperlichen und mentalen Präsenz
- Verbesserung der Kommunikation im Aufrecht-Sein
- Verbesserung der Körpersprache
- Verbesserung der Tiefenentspannung

 **Wie steht du zu deinem Rücken?**

Beantworte dir ehrlich folgende Fragen:

- Wie fühlst du dich in deinem Rücken? Wohlgefühl oder Beschwerden? Fühlt und fühlte sich dein Rücken bisher sehr wohl an?

- Gibt es Schwachstellen in deinem Rücken, die du kennst? Ist irgendein besonderer Teil anfälliger? Hast du bereits in deinem Leben Erfahrungen mit Rückenbeschwerden (Bandscheibenvorfall, Zerrung, Arteriosklerose, Unfälle, psychosomatische Rückenbeschwerden etc.) gemacht?

- Welche Erfahrungen hast du mit Rückentraining und Entspannung?

- Wie stehst du zu deinem Rücken? Äußerlich betrachtet. Wie betrachtet dein Kopf bzw. dein Verstand deinen Rücken? Gibt es Vergleiche zu anderen Rücken? Möchtest du einen anderen Rücken haben? Z.B. mehr Aufrichtung? Warum möchtest du einen anderen Rücken haben?

- Nackte Tatsachen

  Stelle dich zu Hause nackt vor einen Spiegel. Schaue genau deinen Rücken an. Dies geht leider nur von der Seite oder mit einem doppelten Spiegel. Kannst du zu diesem Abbild bedingungslos „Ja" sagen? „Ja – das ist mein Rücken!" Kannst du der Wahrheit ins Gesicht sehen, den Rücken so annehmen und akzeptieren, wie er ist? Ich meine nicht, dass du ihn unbedingt schön finden mußt, sondern akzeptierst, dass er so ist, wie er ist. Ohne inneren Kampf oder Verkrampfung. Neben dem Anspruch und Wunsch möchte zuerst die Wirklichkeit angenommen, erkannt und ebenso geliebt und nicht verurteilt werden. Die Haltung sagt etwas aus, sie hat eine Geschichte. Du kannst sie nicht einfach wegwischen. In dieser tiefen Annahme und dem Respekt vor der Wirklichkeit wird eine tragbare und haltbare Veränderung langsam möglich.

Druckpunktarbeit mit Bällen unter dem Rücken

Dauer: ca. 15- 60 Minuten, je nach Bedarf und Intensität

Diese Übung ist eine absolut effektive Erdungsübung! Ein Teil dieser Übung ist bereits unter Kapitel „Die Mitte ist unser Bauch" S. 109 .. bereits erwähnt. Es ist eine Druckpunktarbeit an der gesamten Rückseite des Körpers. Die Übung habe ich bei einer sehr alten und weisen Frau in den achtziger Jahren in Berlin, bei Frau Frieda Goralewski (1893- 1989), Schülerin von Elsa Gindler (1885- 1961) kennenlernen und tief erfahren dürfen. Sie ist ein Bestandteil in der Eutonie nach Gerda Alexander (1908- 1994) geworden. Auch sie durfte ich in ihren Arbeiten noch erleben und kennenlernen. Für mich ist es bis heute die wirkungsvollste Übung zur Tiefenentspannung, zur Atem- und Rückenbelebung sowie zur inneren und äußeren Haltungswahrnehmung und Haltungsverbesserung. Die Übung habe ich durch meine Erfahrungen und Arbeiten teilweise modifiziert.

Zu den bereits vorher aufgeführten Wirkungen in den Arbeiten am Rückgrat schafft diese Übung mit den Druckpunkten weitere Vorteile:

- **Intensivierung der Rückenwahrnehmung**
- **Verbesserung der Rückendurchblutung**
- **Verbesserung der gesamten Rückenspannung, Haltung und Aufrichtung**
- **Minderung und Heilung von Rückenbeschwerden**
- **Tiefenentspannung und Loslassen**
- **Beruhigung und Klarheit der Gedanken**
- **Besserer Schlaf**
- **Bewusstheit für den Rücken: bessere Rücksicht, sich den Rücken frei halten**
- **Verbesserung der Atmung und Atemwahrnehmung**
- **Verminderung von Bluthochdruck**
- **Mehr Zugang zu Intuition und Kreativität**
- **Abbau von Ängsten**
- **Belebung der Chakren / indische Lehre von den sieben Energiezentren des Körpers**

Teil 1 / Einführung

Mache zunächst Atem- und Bodyscan in Rückenlage

Lege dich flach ausgestreckt auf eine Unterlage, eine Decke, Teppich, Yogamatte oder ähnliches.Spüre zunächst für 1- 3 Minuten genau die Rückseite Ihres Körpers. Welche Stellen der Rückseite haben Kontakt zum Boden. Von unten nach oben: Wie liegen die beiden Fersen auf? An welcher Stelle berühren diese den Boden? Wie viel Kontakt haben deine beiden Unterschenkel zur Bodenfläche, die Kniekehlen, die Oberschenkel, der Po, das Kreuzbein, der untere Rücken (Lendenwirbelsäule), der mittlere Rücken (Brustwirbelsäule) und der obere Rücken (obere Brustwirbelsäule), wie viel Platz ist zwischen Hals und Boden (Halswirbelsäule)? Wie liegt dein Kopf auf? Welche Stellen des Kopfes haben Kontakt zum Boden? Dann spüre insgesamt in den Rücken, welche Stellen angenehm sind, welche Stellen evtl. unangenehm sind und sogar schmerzen. Bitte nimm den Schmerz nur so wahr, wie er ist. Er wird sich im Laufe der nächsten 40 Minuten fast vollkommen auflösen.

Teil 2 / Beine:

Nimm jetzt zwei Bälle für das rechte Bein. Lege einen Ball unter die rechte Wade und den anderen Ball am Ende des Oberschenkels zur Pofalte hin. Spüre in das rechte Bein und zu den Druckpunkten. Spüre ebenso hin, wie hoch das rechte Bein im Vergleich zum linken liegt. Lasse das rechte Bein mindestens zwei Minuten auf den Bällen liegen. Falls es in der Wade zu sehr schmerzt, lege den Ball evtl. etwas weiter unten oder oben in die Wade. Anschließend nimm beide Bälle weg, lege dich wieder flach hin und spüre eine Weile in die rechte Beinunterseite, die Punkte, wo die Bälle zuvor lagen. Konzentriere dich auf diese Stellen und spüre, wie der Druck langsam verschwindet und diese Bereiche sich dort immer tiefer auf und in den Boden hinein entspannen können. Vergleiche das rechte Bein mit dem linken Bein. Gibt es einen Unterschied? Wärme, Schwere, Leichtigkeit, Durchblutung, Länge? Nun mache dasselbe mit dem linken Bein.

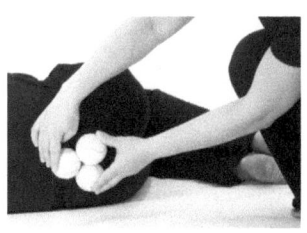

Teil 3 /Kreuzbein:

Lege dich in Rückenlage. Die Beine angewinkelt aufstellen. Nimm drei gebrauchte Bälle. Legen diese zu einem dichten Dreieck zusammen unter das Kreuzbein – das ist der Bereich zwischen Steißbein und letztem Lendenwirbel. Lasse nun dein Gewicht des Be-

ckens auf den Bällen ruhen. Das kann am Anfang etwas schmerzen und ist normal. Bewege langsam für 1-3 Minuten Ihr Becken kreisend oder seitlich hin und her. Solltest du anfangs zu starke Schmerzen bei dieser intensiven Druckpunktmassage haben, dosiere das Körpergewicht oder
nimm weichere Bälle. Halte die Atmung nicht an, sondern atme kontinuierlich weiter. Entferne anschließend die Bälle, bring das Becken auf den Boden zurück, lass die Beine aufgestellt stehen und spüren Sie 1-3 Minuten in diese aktivierte Stelle nach. Dieses Nachspüren ist äußerst wichtig! Spüre die Empfindungen, die Durchblutung im Kreuzbein und wie sich diese immer wieder verändern. Zum Schluss lege die Hände in die Leistengegend, spüre von den Händen aus durch den Bauch zu dem Kreuzbein auf der Rückenseite. Atme sanft in den Bereich zwischen Händen und Kreuzbein. Zum Abschluss rekel und dehne dich kräftig und genussvoll genau aus diesem Kreuzbein heraus in alle Richtungen.

Teil 4 / Lendenwirbelsäule

Dieser Abschnitt ist nur für Geübte mit gesundem Rücken. Falls du in der Lendenwirbelsäule schwere Schmerzen oder andere Einschränkungen hast, lasse bitte diesen Abschnitt aus und gehen direkt zu Teil 5. Nimm zwei Tennisbälle in Höhe des 3./4. Lendenwirbels. Siehe Bild. Lege jeweils einen Ball rechts und links auf gleicher Höhe dicht an die Wirbelsäule. Stelle die Beine auf. Spüre genau in die Druckstellen, 1- 3 Minuten lang. Atme weiter, ganz normal oder etwas tiefer ein- und aus. Nimm dann die Bälle weg, bringe den Rücken wieder ganz auf den Boden und spüre nun auch mindestens 1- 3 Minuten in diesen Bereich – dort, wo die Bälle waren. Konzentriere dich auf diese Stellen und spüre, wie der Druck langsam verschwindet und diese Bereiche sich dort immer tiefer auf und in den Boden hinein entspannen können. Der Schmerz lässt nach. Atme tief hinunter in diese freien Stellen. Wie in Teil 2 auch: Zum Abschluss rekele und dehne dich kräftig und genussvoll genau aus diesem Kreuzbein heraus in alle Richtungen. Spüre im Dehnen und Rekeln, wie tief und genussvoll sich auch deine Atmung dabei entfaltet.

Teil 5 / Untere Brustwirbelsäule

Nimm zwei Tennisbälle in Höhe der 10.- 12. Brustwirbel. Siehe Bild. Es ist auch der Bereich der Nierengegend. Lege jeweils einen Ball rechts und links auf gleicher Höhe dicht an die Wirbelsäule. Übe jetzt in derselben achtsamen Weise wie in den vorangegangen Abschnitten. Vergiß nicht das wichtige konzentrierte Nachspüren, wie bei den Abschnitten 1-4. Spüre im Nachlassen der Spannung, wie dieser Bereich wieder tief zum Boden sinken darf. Spüre, ob sich die Atmung in diesen erweiterten Bereich nach hinten ausdehnen darf. Atme sanft in diesen Bereich

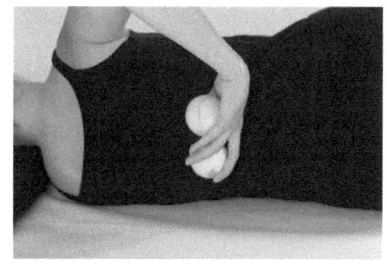

hinein. Zum Schluss dehne und rekel dich aus diesem Abschnitt aus, wo die Tennisbälle lagen, genussvoll und ausgiebig in alle Richtungen. Spüre deine Atmung! Wie tief und frei sie wird.

Teil 6 / Obere Brustwirbelsäule

Nimm zwei Tennisbälle in Höhe der 5.-7. Bustwirbel. Dies ist der Bereich zwischen den Schulterblättern. Siehe Bild. Lege jeweils einen Ball rechts und links auf gleicher Höhe dicht an die Wirbelsäule. Übe jetzt in derselben achtsamen Weise wie in den vorangegangen Abschnitten. Vergesse nicht das wichtige konzentrierte Nachspüren, wie bei den Abschnitten 1-5. Spüre im Nachlassen der Spannung, wie dieser Bereich wieder tief zum Boden sinken darf. Spüre, ob sich die Atmung in diesen erweiterten Bereich nach hinten ausdehnen darf. Atme sanft in diesen Bereich hinein. Zum Schluss dehne und rekele dich aus diesem Abschnitt zwischen den Schulterblättern genussvoll und ausgiebig in alle Richtungen. Spüre jetzt, wie tief und freier du atmest.

Teil 7/ Halswirbelsäule

Nimm zwei Tennisbälle unter die Halswirbelsäule. Lege jeweils die Bälle in diesem Bereich längs hintereinander, direkt unter die Halswirbel. Siehe Bild. Die Bälle können ganz sanft die Halswirbelsäule stützen. Meistens wird dies als sehr angenehm empfunden. Wenn du jedoch hier erhebliche Schmerzen haben, nimm weichere Bälle. Vergiß nicht das wichtige konzentrierte Nachspüren, wie bei den Abschnitten 1-6. Spüre im Nachlassen der Spannung, wie dieser Bereich wieder tief zum Boden sinken darf. Spüre, ob sich die Atmung in diesen erweiterten Bereich nach hinten ausdehnen darf. Atmen sanft in diesen Bereich hinein. Zum Schluss dehne und rekele dich aus diesem Abschnitt zwischen den Schulterblättern genussvoll und ausgiebig in alle Richtungen. Spüre jetzt, wie tief und freier du atmest.

Teil 8 / Abschluss / Verbindung Steißbein – Kopf / „Hängematte"
Diese Abschlussübung ist wichtig und wirksam!
Stelle die Beine angewinkelt auf. Lege einen Ball an das Ende des Steißbeins, also den Punkt, wo die Wirbelsäule endet, so, dass du das Steißbein noch etwas spürst, jedoch nicht direkt unter das Steißbein. Den anderen Ball lege unter den Hinter-kopf, so, dass der Kopf ruhig auf dem Ball ruhen kann. Finde die für dich richtige Stelle. Es muss angenehm sein und darf nicht schmerzen. Lege deine Hände locker auf den Bauch. Konzentriere dich nun auf die beiden Punkte – den Ball am Kopf und am Steißbein. Verbinde innerlich diese Punkte. Stelle dir vor, deine Wirbel-säule sei eine Hängematte, die fest und gut zwischen den Punkten oder Bäumen aufgehängt ist. Lasse nun die Wirbelsäule immer tiefer zwischen den Punkten durchhängen.
Noch intensiver:
Lege die Hände locker auf den Bauch. Konzentriere dich gleichzeitig auf alle festen Punkte: Die Fußsohlen am Boden, den Ball am Steißbein, den Ball am Kopf und die Hände auf dem Bauch. In der Mitte zwischen Kopf und Bauch ist dein Atem. Du spürst deinen Atem unter den Händen. Spüre zusätzlich alle zuvor genannten Bereiche gleichzeitig. Vielleicht gelingt dir das für einen winzigen Moment.
Zum Schluss dehne und rekele dich aus dem gesamten Rücken heraus genussvoll und ausgiebig in alle Richtungen. Spüre jetzt, wie tief und freier du atmest.

Teil 9 / Langsame Aufrichtung – Sammlung
Dehne dich in der Sitzstellung – wenn möglich auf den Knien. Siehe Bild. Richten dich langsam auf. Wenn du nicht in dieser Sitzstellung sitzen kannst, setze dich auf einen Hocker. Spüre, wie der Kreislauf und die Atmung belebt arbeiten. Stehe zum Schluss ganz langsam auf, richte langsam die Wirbelsäule Wirbel für Wirbel auf bis zum Kopf. Zum Abschluss dehne und rekele dich genussvoll im Stehen aus dem gesamten Rücken heraus ausgiebig in alle Richtungen. Spüre jetzt, wie tief und freier du atmest.

Teil 10
Spüre jetzt und hin und wieder in den kommenden 30 Minuten, wie aufrecht du bist und wie sich der Rücken und die Atmung in der Aufrichtung anfühlt. Spüre immer wieder in den Rückenraum - den Raum hinter dir. Schreibe Gedan-ken, Erkenntnisse, Veränderungen in dein Wahrnehmungsbuch.

 **Individuelle Gestaltungsmöglichkeiten dieser Übung**
Angepasst auf deine Bedürfnisse. Nachdem du diese Übung in allen Teilen mindestens einmal erfolgreich gemacht und verstanden hast, kannst du diese auch individuell abändern. Denn du wirst evtl. nicht immer eine ganze Stunde Zeit haben, sie in dieser Intensität zu absolvieren. So kannst du die Übungsabschnitte, die dir besonders gut tun, auch einzeln oder kombiniert mit anderen Teilen üben.

Druckpunktarbeit mit Bällen an der Wand –
eine wundervolle Energiespritze
Schnell und wirkungsvoll. Du stehst aufrecht mit dem Rücken an der Wand. Nimm nun ein oder zwei Tennisbälle oder andere weiche kleine Bälle. Massiere – ähnlich der Druckpunktarbeit im Liegen – die einzelnen Abschnitte im Rücken. Spüre, wie diese Übung anschließend deine Atmung vertieft und befreit.

Rücken und Rückraumwahrnehmung

Teil 1 Sich gegenseitig den Rücken schubbern! Welch ein Vergnügen! Es gibt kaum eine bessere und wirkungsvollere Methode, sich so schnell von Rückenverspannungen zu lösen. Setzt euch auf gleichhohe Stühle oder Hocker.

Die Rücken aufrecht aneinander. Fangt nun an, euch gegenseitig mit den Rücken zu reiben, sich zu massieren, zu drücken, zu biegen, sich zu wärmen. Nehmt euch sich immer wieder verschiedene Abschnitte gezielt vor, z.B. den unteren Rücken, das Kreuzbein, die Lendenwirbelsäule, den mittleren Rücken und auch den oberen Rückenabschnitt zwischen den Schulterblättern. Ihr könnt euch auch sehr vorsichtig ein- oder zweimal über den Rücken des Partners beugen und dann die Arme über den Kopf dehnen. Siehe Bilder.

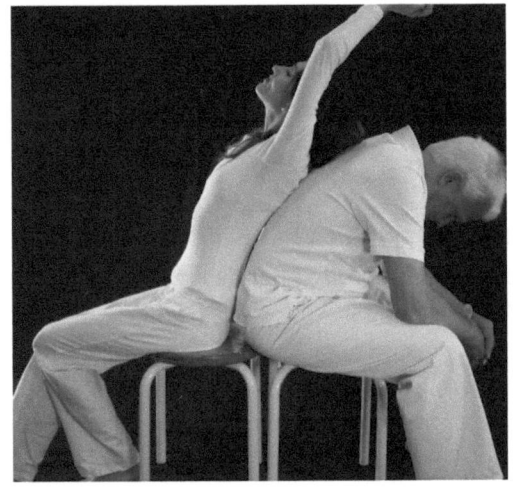

Teil 2 Eine sehr tiefe Erfahrung erreichen Sie mit folgender Anschlussübung: Nachdem ihr alle Bereiche ausgiebig bearbeitet habt, setzt euch für 3- 5 Minuten aufrecht wieder Rücken an Rücken. Wichtig dabei ist, dass jeder Partner das Gefühl hat, eine kleine Stütze und Kontakt zum anderen Rücken zu haben, jedoch nicht von dem anderen Partner erdrückt zu werden bzw. Gegenarbeit leisten zu müssen! Bitte hier genau und ehrlich absprechen und das Gegengewicht reduzieren. Ihr sollt möglichst selbständig sitzen! Am Ende der Zeit rutscht jeder Partner zunächst nur wenige Zentimeter ein Stück zum Stuhlrand nach vorne, so dass ein winziges Luftpolster zwischen den Rücken entsteht. Spürt in euren Rücken. Anschließend rutscht ihr wieder ein Stück mehr auseinander. Spürt noch einmal in den Rücken. Nach dem 3. Auseinanderrücken richtet ihr euch beide im Stehen auf. Spüre jetzt deinen Rücken und den Raum hinter deinem Rücken. Spüre, wie du jetzt jetzt atmest. Entdecke in Achtsamkeit und Stille, was „Aufrichtung" für dich bedeutet. Stehe auf und spüre dich in der Aufrichtung, in Verbindung mit deinem lebendigen aktivierten Rücken. Nimm den Raum hinter dir wahr. Wie fühlst du dich jetzt?

Teil 3 / Tauscht eure Erfahrungen aus und/oder schreibt euer Erlebnis auf.

Haben Sie auch einen Kratz- und Scheuerbaum? Warum nicht?

Viele Tiere, z.B. die Bären, haben einen sogenannten Scheuerbaum, den sie aufsuchen und an dem sie sich genussvoll schubbern. Warum der Mensch noch nicht? Instinktiv haben es vielleicht noch die Großeltern oder Eltern gemacht: Im Türrahmen zu lehnen und sich den Rücken an den Kanten zu reiben. Das kannst du genauso gut. Oder nimm die Bälle als Ersatz, wie oben beschrieben. Es wäre doch ein Leichtes, in Firmen und Betrieben so einen Rückenscheuerbaum oder eine Massageplatte in der Wand mit entsprechenden Massagenoppen oder automatischen Massagerollen anzubringen. Man stellt sich dann aufrecht mit dem Rücken an diese Platte und kann sich aktiv in wenigen Minuten total entspannen. Vielleicht kommt das in Zukunft. Es ist zu wünschen. Es gibt inzwischen jedoch auch gute elektrische Massageauflagen für Sessel und Stühle und auch professionelle elektrische Massageliegen. es geht doch um Wohlgefühl, Energie, Tatkraft! Und die steckt nun einmal zu einem großen Teil im Rücken, wie bereits ausführlich beschrieben.

Rücken und Bauch kräftigen

Teil 1

Lege die Hände auf den Bauch. Drücke die Beine durchgestreckt senkrecht nach oben. Siehe Bild „2" S. 142. Halte die Spannung ca. 10 - 30 Sekunden. Spüre, wie stark und hart dabei die Bauchmuskeln automatisch anspannen. Anschließend senke die Beine ab und stelle sie angewinkelt auf. Spüre in der kurzen Ruhephase, wie sich die Bauchmuskeln entspannen, die Atmung auch im Bauch spürbar freier wird.

Teil 2
Rücken abrollen

Siehe Ausgangslage „1" S. 141. Drücke dein Becken weit nach oben, so dass du nur noch auf den Schulterblättern liegst. Jetzt rolle in Zeitlupentempo Zentimeter für Zentimeter den Rücken Wirbel für Wirbel ab. Beide Beine bleiben aufgestellt. Je langsamer du dies tun, desto besser ist die Tiefenwirkung.

Wiederhole die Abfolge drei Male.

Zum Abschluss führe den Atem- und Bodyscan im Liegen oder aufrechtem Sitzen durch.

Weitere Rückenstärkungsübungen

Vielleicht kennst du schon etliche Übungen zur Rückenstärkung aus der Rückenschule und wendest diese an? Wenn ja, dann hast du jetzt die Möglichkeit, damit noch intensivere Atemerfahrungen zu machen. Alle Übungen erfordern eine Anspannung bestimmter Muskelgruppen. Diese Anspannung schränkt die Atmung für eine kurze Dauer mehr oder weniger ein. Wichtig ist, dass du dir immer nach der Anspannung Zeit lässt für die bewusste, achtsame Entspannung. In dieser Entspannungsphase konzentrierst du dich auf das freie Fließen des Atems. Das macht den Unterschied zu Ihrem bisherigen Üben aus! Siehe auch Bodyscan S.49.

Hier nur einige Beispiele:

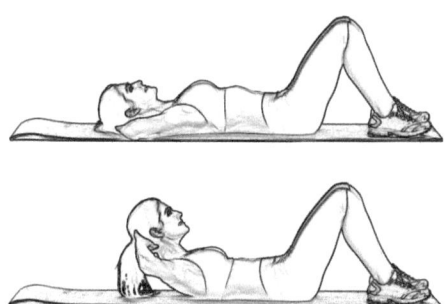

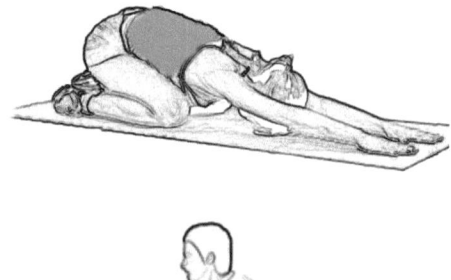

1

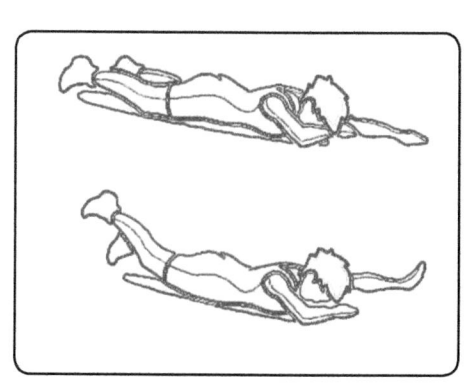

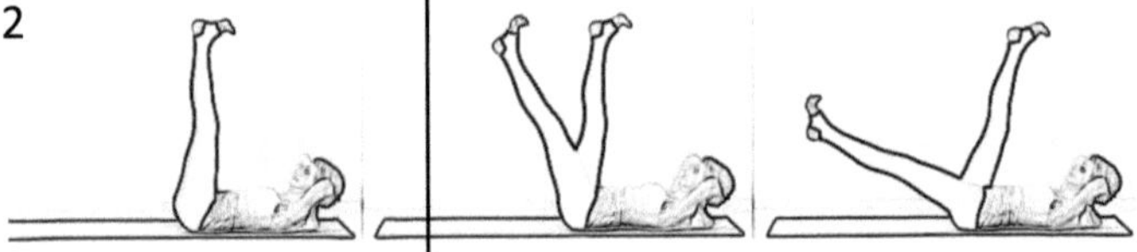

Im Hier und Jetzt sein

Atmung - Anker zur Achtsamkeit

Die Atmung als Schlüssel zur Gegenwartserfahrung und Meditation

Bewusste Atmung schafft Achtsamkeitskompetenz. Bewusstes Atmen ist das hervorragendste Werkzeug, um Achtsamkeit und Gegenwartserfahrung zu üben. Damit können Sie sich von Hektik, Stress und verworrenen Gedanken- und Gefühlsmustern befreien. Achtsamkeit ist eine innere Haltung. Wenn du die Übungen in der notwendigen Konzentration und Hingabe ausführst, findest du zu einer inneren Wachsamkeit und Präsenz. Deine Gedanken beruhigen und ordnen sich. Die Gegenwart wird spürbar. Du fühlst dich klar und licht.

Achtsamkeit und Gegenwart

Der Gebrauch des Wortes „Achtsamkeit" hat in den letzten fünfzehn Jahren fast schon inflationäre Dimensionen erreicht. In vielen Bereichen des Stressmanagements, Führungsmanagements, im Training der Soft Skills, in Therapien, psychosomatischen Kliniken sowie in der Prävention ist Achtsamkeitstraining und Achtsamkeitsmeditation als Begriff und Übungsweise bereits bekannt. Sind wir nicht mehr achtsam genug im Leben? Sollen und müssen wir mehr auf etwas achten, achtgeben und uns besser konzentrieren? Warum? Im digitalen Zeitalter der Informations- und Dienstleistungsgesellschaft sind wir durch zunehmende Verdichtung von Arbeit sowie Freizeit einem hohen Informationsbombardement und erhöhten Handlungsdruck ausgesetzt. Das erfordert enorme Koordinations- und Filterleistungen unseres Denkens. Diese Informationsverdichtung stößt dabei an natürliche Grenzen. Werden diese überschritten, steigt die Fehler-, Unfall- und Krankheitsquote. Wenn unser Denken sich dann ständig zusätzlich mit Einschätzungen, Bewertungen und einhergehenden Emotionen in Vergangenheit oder Zukunft beschäftigt, bleibt wenig Zeit, den Augenblick zu entdecken, zu leben und zu genießen. Viele Ängste sind ein Indiz, dass wir nicht mehr im „Jetzt" leben. Dann ist ein Burnout meist vorprogrammiert. „Die Menschen hetzen in ihren Gedanken immer in die Zukunft, um ja nichts zu verpassen. Dabei entgeht ihnen genau dann das, was wirklich gerade passiert", sagt der Psychiater Michael Huppertz. Eckart Tolle, früher an der University of Cambridge in Forschung und Supervision tätig und heute weltbekannter spiritueller Lehrer kommt in seinem Buch „JETZT – die Kraft der Gegenwart" zu einer simplen Grundaussage: Löse dich vom denkenden Geist und verlagere deine Aufmerksamkeit vom „Verstand zum Sein, von der Zeit in die Gegenwart". Nach Tolles Lehren ist die Zeit der Feind und der Geist das Werkzeug des Feindes. Beide müssen in die Schranken gewiesen werden, müssen unsere psychisch bedingte Anhaftung an Vergangenheit und Zukunft aufgeben und ein-sehen, dass der Zustand, in dem wir uns mit dem Verstand identifizieren „eine Form der Geisteskrankheit" darstellt. Tolle sagt: „Sei so absolut, so vollkommen gegenwärtig, dass kein Problem, kein Leid, nichts, was du nicht vom Wesen her wirklich bist, in dir überleben kann. Im Jetzt, in der Abwesenheit von Zeit, lösen sich all deine Probleme auf. Das Leiden benötigt Zeit; im Jetzt kann es nicht überleben." Es gibt Zeiten, in denen wir möglicherweise einen starken Helfer brauchen, um uns von den heftigen Schmerzen der menschlichen mentalen Kondition, zu befreien. Diese Kondition resultiert in nie endenden Kreisen von stark verwurzelten Gedankenbändern und unterdrückten Emotionen – was Tolle einen „Schmerzkörper" nennt. Wenn wir uns in einem unkontrollierbaren mentalen Prozess oder unserem emotionalen Schmerzkörper befinden, sind wir vielleicht nicht mehr dazu in der Lage, zu beobachten, zu hinterfragen oder es zu bereden. Doch es gibt immer kleine Zeitfenster, in denen wir bereit und offen sind, Neues auszuprobieren, wie vielleicht jetzt in diesem Augenblick. Durch bestimmte Atemtechniken können wir unsere Gedanken beruhigen, die aktivierten Emotionen klären und unseren angeborenen Frieden und Freude neu finden.

Meditation – den Geist erforschen

Können wir anders denken als wir denken? Ja, wir können unser Denken positiv beeinflussen, indem wir dem Denken selbst öfters eine wichtige kreative Pause schenken: durch Meditation. Ziel ist, nichts Bestimmtes zu denken. Genau das ist aber anstrengender, energieaufwändiger für das Gehirn als konzentriert oder achtsam zu sein. Jeder kennt solche Erfahrungen: Wenn wir wirklich "bei der Sache sind", in etwas aufgehen oder achtsam dem begegnen, was im Augenblick ist, fühlt sich das leicht und zeitlos an. Unser "Standby-Modus" ist aber ein anderer. Wenn nichts zu tun ist, beschäftigen wir uns mit dem, was kommt oder mit dem, was war. Wir sind nur in der Zukunft oder in der Vergangenheit. Dabei können eine Menge Emotionen (Scham, Angst, Ärger ...) hochkommen. Dies zu bewältigen ist sehr anstrengend. Von außen sieht Meditieren meistens gleich aus – aber von innen "hört" es sich sehr unterschiedlich an. Der Lärm im Kopf ist das Indiz, ob wir wirklich meditieren oder einfach nur rumsitzen.

Laut Wikipedia leitet sich das Wort aus dem lateinischen Verb meditari ab und heißt nachdenken, überlegen und nachsinnen. Meditation ist Bestandteil vieler Kulturen und aller Religionen. Durch Meditieren beruhigt und sammelt sich der Geist mithilfe spezieller Konzentrationsübungen. In den östlichen Religionen des Buddhismus und Hinduismus ist die Meditation seit Jahrtausenden eine grundlegende Übung zur Bewusstseinserweiterung. Höchste Ziele sind das Erreichen des Nirwana oder die Erleuchtung, in den christlichen sowie jüdischen und islamischen Religionen, das Göttliche persönlich zu erfahren. Unabhängig von religiösen Richtungen ausgedrückt: Sinn und Zweck der Meditation ist es, das Wesen unseres Geistes zu erwecken und uns das zu zeigen, was wir in Wirklichkeit sind: das unveränderliche, reine Gewahrsein, das Leben und Tod letztlich zugrunde liegt.

Positive Auswirkungen wissenschaftlich bestätigt

Die positiven Auswirkungen der Meditation sind inzwischen auch wissenschaftlich erforscht. Der Neurowissenschaftler Ulrich Ott fasst in seinem Buch „Meditation für Skeptiker" die Forschungsergebnisse zusammen. Nach bisher vorliegenden Studien, in denen Meditierende mit anderen verglichen wurden, weisen Meditierende eine höhere Dichte der grauen Substanz oder eine Vergrößerung in Hirnrealen auf, die für folgende Gefühle, Gedanken oder Handlungen zuständig sind:

• Körperwahrnehmung und Bewegungssteuerung
• Gefühlsregulation und Umlernen bei unangenehmen Erfahrungen
• Emotionale Bewertung von Situationen und Reaktionen
• Gefühle von Präsenz, Freude und Verbundenheit
• Fokussierung und Aufrechterhaltung der Aufmerksamkeit
• Atmungs- und Kreislaufregulierung

Die Messungen von Hirnströmen mit der Elektroenzephalografie (EEG) und Ansichten aus dem Inneren unseres Denkorgans mittels Magnetresonanztomografie (MRT) zeigen: Ständig geht uns etwas im Kopf herum. Beim Meditieren ist das Gehirn zwar ebenfalls sehr aktiv, doch das Muster dieser Aktivierung und unser geistiger Zustand sind grundlegend anders. **Statt jedem Gedanken, der dich beschäftigt, immer wieder zu folgen, gehst du in dein eigenes Gedankenkino und schaust dir nur diesen Film an – quasi als Zuschauer und nicht als Akteur.** Indem du die eigenen Gedanken von außen wertfrei betrachtest und lernst, dir selbst beim Denken zuzuschauen, gewinnst du grundlegende neue Erkenntnisse. Dieser Abstand hilft, die Identifikation mit den eigenen Gedanken aufzugeben. Und es beinhaltet, dass du theoretisch auch etwas anderes denken könnten. Wer das schafft, hat schon den Grundstein für den Ausstieg aus dem Hamsterrad seiner selbstquälenden Gedankenketten und Gefühlen gelegt.

Welche Meditationsweise ist empfehlenswert?

Ich erlebe und finde die Form der stillen sitzenden Meditation, die aus dem ZEN-Buddhismus kommt, äußerst wirksam. In ihrer Einfachheit ist sie sicherlich auch die wirksamste Übung (siehe Übungen weiter unten). Es gibt jedoch sehr viele verschiedene Formen der Meditationsausübung. Auch die im Kapitel (S. 160) erwähnten Bewegungslehren des Thai Chi Chuan, Qi Gong und Yoga können als Bewegungsmeditation im weiteren Sinne bezeichnet werden. Ebenso gibt es die Vipassana-Meditation, Meditation durch Gesang, z.B. das Tönen von Mantras sowie gedanklich geführte Meditationen.

Zur Vertiefung dieses Kapitels empfehle ich auch die Pionier- und Forschungsarbeiten von Jon Kabat-Zinn. Er ist emeritierter Professor an der University of

Massachusetts Medical School in Worcester, unterrichtet Achtsamkeitsmeditation und hat das MBSR-Training (mindfull based stress reduction) entwickelt. Während seines Berufslebens hat er sich stark dafür engagiert, die Achtsamkeitspraxis in Medizin und Gesellschaft bekannt zu machen und zu etablieren. Kabat-Zinn hat bedeutende Beiträge zu einem modernen Gesundheitswesen – vor allem in den USA – geleistet und sich dabei sowohl in seiner Forschung als auch in der Lehre auf die Zusammenhänge von körperlichen Vorgängen und geistigen Aktivitäten konzentriert. In seinem Grundlagenwerk „Gesund durch Meditation" sind die wichtigsten Erkenntnisse beschrieben.

Atmen in Stille

Stille ist Urlaub für das Gehirn. Stille fördert die Meditationstiefe und Achtsamkeit. Kennen Sie noch Stille? Echte Stille? Ein Gefühl von Ruhe, Zeitlosigkeit und innerlich tiefem Frieden? Wo nichts klingelt, nichts stört, nichts auf dich einprasselt? Ein Gefühl, den Stecker rausgezogen zu haben vom Alltag und ständigen Denken. Eine gedankenlose Leere, die sich auftut. Eine Leere, die voller Fülle ist. Ein bewusstes Heraustreten aus der alten Welt in eine andere Welt. Eine Welt der Stille – des reinen Gewahrseins. Viele Menschen können Stille überhaupt nicht mehr aushalten. Und die Lärmemissionen kennen keine Grenzen. Vergleichen Sie nur die letzten zwanzig Jahre, wie die Lautstärke in Discos, auf Fesitvals, Veranstaltungen und auf Kopfhörern in rasantem Tempo immer höher geschraubt wird. In der Stille werden manche Menschen beinahe verrückt. Weil sie plötzlich ihren inneren ununterbrochenen Lärm hören und vielleicht erstmals ihr Gedankenwirrwarr wahrnehmen. Doch wenn du in einen Raum der Stille eintrittst, eine Kirche, einen Meditationsraum oder draußen mitten in der Natur, öffnen und schärfen sich gleichzeitig all deine Sinne. Sinne ermöglichen uns den Zugang zur Umwelt. In der Stille es ist leichter, zur „Besinnung" zu kommen. **Wenn du dich besinnst, findest du den roten Faden wieder – den Sinn.**

Der Hirnforscher Ernst Pöppel im Interview mit der Zeit: „Stille ist essenziell, um sich konzentrieren zu können. Sie nimmt den Druck von uns, der durch den Lärm von außen entsteht. Diese Erholungsphasen sind wichtig für unser Wohlbefinden, darüber hinaus aber auch für unsere Fähigkeit zu denken. Wenn ganz Deutschland jeden Tag für eine Stunde nicht kommunizieren würde, dann hätten wir hier den größten Innovations- und Kreativitätsschub, den man sich vorstellen kann." Der Physiker und Neurowissenschaftler Prof. Thilo Hintenberger beschäftigt sich seit seinem 23. Lebensjahr mit dem Phänomen Stille. „Neben meinen Erfahrungen mit dem Stillwerden beobachte ich, wie die Menschen, die ihre innere

Stille gefunden haben und kultivieren, vom Wesen her leuchten. Diese Freude, der Frieden, dieses Glück sind Folgen der Stille, deren Qualität sich von selbst herstellt." Nach Eckart Tolle ist Stille ein Zustand gedankenloser Aufmerksamkeit. Dieser Zustand existiert bereits. Es gilt ihn nur noch zu entdecken. Die Fähigkeit, die äußere Welt mit den verschiedenen Sinnen wahrzunehmen, ohne sie benennen zu müssen.

Finden einen Ort der Stille. Welcher Platz könnte das im Alltag sein? Falls dieser Ort auch in der Wohnung ist: Wie könnte dieser Platz so eingerichtet werden, dass du dich wohlfühlst und dort täglich 5- 15 Minuten meditierst?

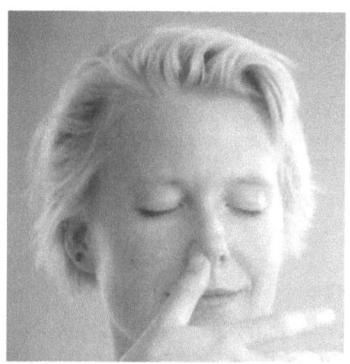

Bewusste Atmung –
das besondere Werkzeug der Meditation und des Achtsamkeitstrainings

Wenn Sie in den vorangegangenen oder schon aus nachfolgenenden Kapiteln Atem- und Körperübungen praktiziert haben, waren Sie bewusst oder unbewusst bereits in einer Form von Achtsamkeit und Meditation. Sie haben sich eingelassen und sich auf eine Sache fokussiert, z.B. im den „Bodysan", das „Nahspüren" nach Übungen (S. 47). Sie können die Atmung und den Atem in seinem Wesen jedoch sehr viel tiefer erfahren. Zur Erinnerung sei hier noch einmal erwähnt: Nirgendwo sind körperliche, geistige und seelische Prozesse so eng verknüpft wie beim bewussten Atmen. Hinweise findet man in der Schöpfungsgeschichte und in der Begriffsentstehung des Wortes „Atem". Gott habe eine aus einem Erdenkloß geformte Menschengestalt erst dadurch erweckt, indem er ihr seinen Odem – Atem – durch die Nase einblies. Im indischen Begriff „atman" = Seele, Weltenseele steckt das Wort Atem. „Pneuma" im Griechischen bedeutet Atem und Geist. „Pneuma hagion", der Heilige Geist, ist auch der heilige Atem. Ebenso bezeichnen die Griechen den wichtigsten Atemmuskel, das Zwerchfell („diaphragma") als den „Sitz der Seele". Im Althebräischen steht das Wort „ruach" für Atem, Wind, Hauch,

Geist und Gott. Und dann war da noch die Sache mit der Atemsteuerung wie bereits auf S. 20 und S. 32 erwähnt. Die Atmung wird von zwei verschiedenen Nervensystemen gesteuert. Vorwiegend über das Vegetative Nervensystem, auch als Autonomes Nervensystem bezeichnet, welches die gesamte Tätigkeit der Organe steuert. Aber gleichzeitig kann sie auch von dem Zentralen Nervensystem geleitet werden, welches für unsere bewusste Motorik zuständig ist, z.B. willentlich die Luft anzuhalten oder den Atemrhythmus zu steuern. Das ist einzigartig!

> Du kannst die wichtigste Lebensfunktion – die Atmung, eine eigentlich unbewusste vegetative Funktion, bewusst erleben. Hier liegt der Schlüssel, um Polarität grundlegend zu erfahren und Polarität bzw. Dualität zu überwinden: Im Gewahrwerden und Gewahrsein des Fließens des Atems von Einatmung und Ausatmung, der Einheit von Ein- und Ausatmung.

Atem ist Leben, Atem ist ein Fluss, ein Fließen. „panta rhei" (Heraklit) – alles fließt. Dies ist spirituell erfahrbar. In diesen Augenblicken sind Ihr Fühlen, Ihr Wollen und Ihr Denken in Übereinstimmung. Wenn Sie das Fließen des Atems wahrnehmen, entdecken Sie: „ES" atmet im Rhythmus von ein- und ausatmen. Es ist das Erleben und Anerkennen einer Kraft oder höheren Intelligenz, die durch alles hindurch wirkt, eine zentrale Kernerfahrung vieler Meditationsweisen. Auch im BEAP, dem bewusstseinserweiternden Atemprozess auf S. 69 dieses Buches, können Sie diese Erfahrungen machen.

Die bewusste Atemweise ist ein Weg der Selbstveränderung durch wertfreie Selbstbeobachtung. Der Schwerpunkt liegt auf der engen Wechselbeziehung zwischen Körper und Geist, die durch eine auf die körperlichen Empfindungen gerichtete und trainierte Achtsamkeit direkt erfahren werden kann. Diese Empfindungen bestimmen das Leben des Körpers, beeinflussen einander im ständigen Wechselspiel und konditionieren den Geist. Es ist eine selbsterforschende Reise zu dem gemeinsamen Ursprung von Geist und Körper. Die Naturgesetze, die unser Denken, unsere Gefühle, unsere Urteile und Empfindungen steuern, werden klar. In der direkten Erfahrung versteht man, wie man Fortschritte macht und wann man wieder zurückfällt, wie man Leiden schafft oder sich davon befreit. Diese Reise führt zu einem ausgeglichenen Geist voller Liebe und Mitgefühl.

Hier möchte ich nur eine einzige tiefe und wirksame Übung aus der Praxis des Zen-Buddhismus erwähnen: Das ZaZen – das Sitzen in Stille. Es kann sein, dass Sie durch die Praxis dieser Übung gar keine andere Übung mehr möchten und dieses Buch ganz zuklappen.

Im Atemholen sind zweierlei Gnaden:
Die Luft einzuziehn, sich ihrer entladen;
Jenes bedrängt, dieses erfrischt;
So wunderbar ist das Leben gemischt.
Du danke Gott, wenn er dich preßt,
Und dank ihm, wenn er dich wieder entläßt.

Johann Wolfgang von Goethe

 **Sitzen in Stille**
Dauer: 5, 10, 15 oder 20 Minuten
Hilfsmittel: Meditationskissen oder Meditationshocker
Du kannst diese Übung je nach deinen körperlichen Fähigkeiten und Möglichkeiten oder Einschränkungen im Halblotussitz, Lotussitz, im Kniesitz oder auf einem Stuhl/Hocker machen. Der Raum sollte in deinem Sichtfeld aufgeräumt sein und beruhigend wirken.
Setze dich aufrecht hin. Wenn du deinen Platz und Aufrichtung gefunden haben, verbeuge dich kurz als Zeichen der Sammlung und des Starts. Im Zen ist es das „Gasho" – die Verbeugung vor dem großen Ganzen. Halte jetzt deine Augen nur ein wenig offen, so dass die Augenlider sehr entspannt sind. Schaue vor dich ca. 1,5 Meter auf den Boden. Finde auch für die Arme und Hände eine Meditationsposition (siehe Bilder). Konzentriere dich nun auf deinen Atem. Beobachte für einen Moment deine Atmung, ohne sie zu bewerten. Dann beginne deine Atemzüge mit einem Zählen bis 10 zu begleiten. Im Einatem auf 1, im Ausatem auf 2, im nächsten Einatem auf 3, nächster Ausatem auf 4 ..... jeweils bis 10. Wenn du bei 10 angelangt sind, beginne wieder auf 1. Ziel dieser Übung ist, sich ausschließlich auf das Atmen zu konzentrieren und damit die Gedanken zur Ruhe zu bringen. Du wirst sehr schnell feststellen, wie du immer wieder

abdriftest, wie immer wieder neue Gedanken in dieser Ruhe laut werden und versuchen, dich aus der Übung zu drängen und dich abzulenken. Das ist vollkommen normal. Gib nicht gleich auf. Wenn du 5- 10 Sekunden anfangs ohne andere Gedanken einfach nur konzentriert atmen kannst, ist das schon eine enorme Leistung! Für viele Übenden ist es zunächst einmal erschreckend zu entdecken, wie viele Gedanken ständig da sind und welches Spektakel sie veranstalten. Sei nett zu diesen. Beobachte diese kurz und dann wechsel wieder zur Atemübung mit Zählen. Damit erforschst du deinen Geist und erhaltst eines der wirksamsten Mittel überhaupt, diesen zu zähmen.

Verschiedenene Sitzpositionen sind möglich: Gerade auf dem Stuhl oder Hocker, Po am Stuhlrand / Fersensitz mit Möglichkeit eines Kissens oder Fersenhockers / Lotus- oder Halblotussitz

Wirkungen der Meditation und Achtsamkeit:

- Vertiefung und Stabilisierung der Atmung
- Verbesserung der Konzentration
- Verbesserung der mentalen Leistung und Belastbarkeit
- Verbesserung der Körperwahrnehmung und Körperpräsenz
- Optimierung des Atmungs- und Herzkreislaufes
- Verbesserung der emotionalen Intelligenz
- Förderung der Selbstverantwortung und Selbststeuerung
- Aufbau von Selbstvertrauen
- Entwicklung von Resilienz
- Entwicklung von mehr Mitgefühl zu sich selbst und anderen
- Auflösung von langwierigen Dramaturgien
- Erleben und genießen persönlicher All-Eins-Erfahrungen, unabhängig von Religionen und Dogmen
- Aufgehobensein – Teil eines Ganzen zu sein

Atem ist Bewegung

Vom Lauf des Lebens

Bewegung ist Leben!

Wie du dich in diesem und durch dieses Leben bewegst, was du an Dingen in diesem Leben bewegst und zum Laufen bringst, welche Ereignisse und Dinge dich innerlich bewegen, motivieren, inspirieren: Der Ursprung allen Lebens ist Bewegung! Stillstand ist Tod!

Atmung und Bewegung sind absolut miteinander verbunden. 28000 mal bewegt sich das Zwerchfell am Tage im Inneren auf und ab und bewegt damit auch mehr oder weniger alle Organe im Körper (Siehe Kapitel ... S.). Doch gleichzeitig erhält die Atmung enorm wichtige Impulse durch die äußere Bewegung. Wenn Sie gehen oder joggen wird die Intensität der Atmung stark angeregt. Bei schnellem Joggen verbrauchen Sie das 10fache an Luft pro Minute, bei einem Ruderer im Wettkampf ist es fast das 20fache. Bewegung ist die einfachste Form, den Kreislauf und die Grundatemkondition zu verbessern. Wir sind geboren, uns „durch dieses Leben zu bewegen" und nicht durch dieses Leben hindurch zu sitzen oder zu liegen. Bis zum heutigen Tag sind wir mit der genetischen Veranlagung zum Jäger und Sammler ausgestattet, um zwischen acht und fünfzehn Kilometer täglich zu gehen! Was passiert, wenn wir es nicht tun? Wie ist das mit deinem „Lebens-Lauf" und „Werde-Gang"? Wie bewegst du dich durch das Leben? Wir sprechen vom „Lebenslauf" und „Werdegang", nicht vom Lebens-Sitzen oder Werde-Sitzen. „Wie geht es Ihnen"? „Es geht schon wieder". „Wie gehst du mit mir um?" Und bei geschäftlichen Dingen fragen wir manchmal „Wie läuft es so?" Warum benutzen wir so oft das Wort „gehen" zur Nachfrage unseres Befindens? Welch ein großer atemberaubender Augenblick, wenn das kleine Kind seine ersten Schritte macht. Gehen ist der Ursprung menschlicher Entwicklung! Der gesamte Körperbau des Menschen ist zum Gehen geschaffen. Der aufrechte Gang, das ausdauernde Gehen, die Wanderung der Urmenschen in die entlegendsten Teile der Erde, hat ihn zum ausdauerndsten und damit zur überlegenen Spezies heranwachsen lassen.

Jeder Mensch muss „seinen Weg finden" und „seinen Weg gehen", innerlich und äußerlich. Er kann seinen Weg nicht sitzen! In dem Wort „Bewegung" steckt das Wort „Weg". Wer sich bewegt, sieht mehr, hört mehr, riecht mehr, fühlt mehr. Wer sich bewegt, innerlich und äußerlich, verfügt über einen größeren Horizont und ist besser mit seiner eigenen Natur und der Umwelt verbunden. Und wer sich verändern will, muss „einen ersten Schritt" dazu machen, d.h. „in Gang kommen" oder „in die Gänge kommen". Sitzen, so wie wir es seit 100 Jahren tun,

ist in der Entwicklungsgeschichte des Menschen nicht vorgesehen! Heute haben wir uns zu einem sitzenden Menschen entwickelt oder- besser gesagt „herunter entwickelt". Dennoch sind die gentischen Bewegungsimpulse für das Gehen nicht ganz ausgestorben. So gehört nach einer Studie des Deutschen Wanderverbandes von 2010 das Wandern zur beliebtesten Freizeitaktivität der Deutschen. Demnach sind rund 40 Millionen Deutsche aktive Wanderer. Bewegung ist Leben. Es gibt kein Leben ohne Bewegung. Ja selbst Materie ist voller Bewegung. Nach unserem heutigen naturwissenschaftlichen Weltbild ist Materie in letzter Instanz Energie und Energie in letzter Instanz Bewegung.

In Gang kommen

Bewegung kräftigt nicht nur Muskeln und unsere aufrechte Haltung, sondern wirkt sich auf das gesamte Innenleben und die Atmung aus. Sie regt die Atemtätigkeit und damit die Herz- und Kreislauftätigkeit an. Bewegung fördert den gesamten Stoffwechselprozess in den Zellen. Bewegung hilft bei der Entgiftung des Körpers. Mehr Sauerstoff wird zu den Zellen transportiert, mehr Kohlendioxid hinausbefördert. Bewegung macht glücklich und schön. Bei der richtigen Bewegung werden nicht nur Stresshormone abgebaut, sondern auch Glückshormone (Endorphine) ausgeschüttet. Die bessere Durchblutung wirkt sich besonders positiv auf das Hautbild aus. Bewegung löst Blockaden – physisch, psychisch und mental. Wenn wir uns in einer Sache „festgefahren" haben oder „festsitzen", bewirken auflockernde Übungen oder ein ausgiebiger Spaziergang Wunder! Die Hirnforschung zeigt in der Tat, dass Muskelaktivitäten und speziell koordinierte Bewegungen zur Produktion von Neurotrophinen führen, die das Wachstum von Nervenzellen anre¬gen und die Anzahl neuronaler Verbindungen vermehren. Dabei meint Bewegung viel mehr als nur sportliche Aktivitäten, sondern motorische Vielseitigkeit im weitesten Sinne. Das Gehirn arbeitet nämlich nicht als isoliertes System unabhängig von weiteren Funktionsabläufen und aktuellen Zuständen im Gesamtkörper. Sondern es ist unmittelbar eingebunden in Muskelaktivität, Enzymhaushalt, Botenstoff-Milieus etc. Dieses Gesamtpaket ist wohl auch für Denkleistungen offensichtlich von großer Bedeutung.

Die Bewegung der Organe – innere Bewegung

Auch wenn keine äußere Bewegung sichtbar ist, im Inneren jedoch tobt ununterbrochen Bewegung. Ca. 28.000 mal bewegt sich das Zwerchfell – unser wichtigster Atemmuskel S. 24 – auf und ab. Dadurch werden alle inneren Organe sowie Anteile des Muskel-, Sehnen- und Bänderapparates mehr oder weniger gedrückt, verschoben und wieder gelöst. Dies wirkt wie eine innere Massage. Dicht darüber liegt das Herz, ein Wunderwerk der Natur. Es pumpt und verteilt das Blut in unserem Körper unermüdlich, ununterbrochen jeden Tag, jede Stunde, jede Minute, schon vor Geburt bis zu unserem Tod. Innerhalb von 70 Jahren ca. 200 bis 250 Millionen Liter Blut, die mit Hilfe von 2 1/2 Milliarden Herzschlägen transportiert werden. Viele andere Organe haben auch eigenständige Bewegungen, so z.B. der Dünndarm und Dickdarm. Im Inneren ist unendlich viel Bewegung! Bewegung ist der Ursprung allen Lebens!

Die Bewegungsmotoren: Muskeln – ein Drittel deines Körpergewichts

Die Muskeln sind unsere Bewegungsmotoren. Jeder Mensch besitzt 656. Ein Drittel des gesamten Körpergewichtes besteht aus Muskelmasse, beim Mann oft noch mehr, ca. 40%, sogar bis 54% im Alter zwischen 20 und 49 Jahren, bei der Frau zwischen 27% - 40 %. Dies hängt jedoch entscheidend von der Lebensweise ab. Die Muskeln umhüllen unser gesamtes Skelett und besonders alle Gelenke. Durch den Agonist (Spieler) und Antagonist (Gegenspieler) können die Muskeln Knochen, die mit Gelenken oder Knorpel wie z.B. Bandscheiben verbunden sind, bewegen.

Gelenke sind Ihr Handlungsspielraum

200 Knochen in unserem Körper werden durch Gelenke miteinander verbunden. Geschmeidige Gelenke sind die Schaltstellen für entfaltende Bewegungen. Durch eine vielseitige Bewegungsschulung, basenreiche Ernährungsweise und Dehnungen, z.B. im Yoga und Stretching, können Sie Ihren Bewegungsspielraum erheblich verbessern. Damit erhöhen Sie gleichzeitig Ihren Denk- und Handlungs-spielraum. Denn Sie bewegen sich sprichwörtlich eleganter, leichter und auf-rechter. Ihr Ausdruck, Ihre „Körpersprache" signalisiert Ihren Mitmenschen Viel-seitigkeit, Vertrauen und Kompetenz. Viele festsitzende Gedankenmuster wirken sich direkt auf die Muskeln und damit auf die Gelenke aus (Siehe S. 154) Je ängst-licher Sie sind, desto kleiner und fester ist Ihr Gelenkspielraum. Manche Menschen sind richtig erstarrt und hart. Sie haben große Angst vor dem Loslassen alter Kon-zepte und der möglichen neuen Freiheit. Wenn ich bei Klienten an der Erweite-rung und Erfahrung von Gelenken arbeite, gehen viele durch ein Labyrinth von hochkommenden Bildern, durch innere Reisen, die sie eigenständig ohne mein Zutun durchleben. Interessant ist, wie die Öffnung und Erweiterung von Gelenk-spielräumen gleichzeitig tief befreiende Atemreaktionen erzeugen. Durch Atem-, Bewegungs-, Achtsamkeitsübungen und auch Massagegriffe erleben sie in ihren Körpern „neue Freiräume", einen größeren Raum in sich selbst, eine Freiheit, die auch unmittelbar festgefahrene enge Gedankenmuster und damit Probleme löst. Du fühlst dich in deinem Körper tiefer zu Hause, sehr viel geerdeter mit dir und dem Außenraum verbunden. Du beginnst in deinem Körper „zu wohnen".

Bewusste Bewegungsübung schafft neuen Handlungsspielraum

Tausende deiner täglichen Bewegungsabläufe sind durch Routine automati-siert und dir nicht mehr bewusst. Das ist einerseits absolut sinnvoll, denn sonst würdest du am Tage vielleicht kaum noch etwas schaffen können, wenn du vor

Bewegung überlegen müsstest, wie du sie ausführen sollst. Andererseits schleichen sich durch Routine feste Bewegungsmuster und damit Atem- und Verhaltensweisen ein, die dich möglicherweise in der Entfaltung deiner Potenziale sehr stark behindern können.

Je größer Ihr Bewegungsrepertoire ist, desto intensiver und flexibler werden deine Atmungsweise und Atemdynamik. Gleichzeitig wächst damit auch dein Handlungsspielraum – ein Raum, durch den du dich aktiv und gedanklich bewegst. Dich deiner Bewegung tiefer bewusst zu werden bedeutet, die unzähligen Möglichkeiten in deinen Gelenken auszuprobieren und zu nutzen. Die Präsenz in deinen zweihundert Gelenken ist der Schlüssel zu einer ausdrucks- und eindrucksvollen Körpersprache und Körperbewusstheit.

Gefühle sind innere Bewegungen und Atemmuster

Bisher haben wir uns vorwiegend mit äußeren Bewegungsformen beschäftigt. Bewegung ist aber vielerorts eine innere Angelegenheit, spätestens wenn wir Gefühle verspüren. In der Emotion steckt das Wort „Motion". Überall beschreiben wir diese Gefühle mit Bewegungsparametern. Es regt sich etwas auf in mir. Man sitzt auf einem Vulkan. Jemand ist außer Rand und Band. Ihm stößt etwas auf. Aufregung. Anregung. Dinge, die einen bewegen. Zugang zu inneren Dingen finden. Es berührt mich innerlich. Berührt sein. Jemand kocht vor Wut. Dinge, die einen aufwühlen. Getragensein. Aufgehobensein. Alle diese Emotionen haben auch verschiedene Atemmuster und Atemabläufe. Siehe auch Buch S. 33 ff. Wenn emotionale Bewegung gelebt werden darf, ist sie außerordentlich befreiend. Das geht leider nicht immer und überall. Integrative Gestalttherapie, Tanztherapie, Tanzen jeglicher Art, Singen, Kontaktimprovisation, Theater- und Schauspielgruppen, Improvisationstheater, dynamische Meditation, holotropes Atmen nach Grof, Quantum-Light-Meditation, TAM, BEAP können hier neben den konventionellen Psychotherapieangeboten sowie Sport ein wichtiges Ventil sein.

Das Gehirn denkt von der Bewegung her

Hirnforschung und Neurodidaktik beweisen: Das Gehirn denkt von der Bewegung her. Bei jeder derartigen Vorstellung werden die entsprechenden Areale und Muskeln – allerdings unterhalb der Erregungsschwelle – mit aktiviert. Ja, auch die

Atemmuskeln. Gedanken werden in Bewegungs- und Atemimpulse umgesetzt. Im Leistungssport spielt das mentale Training eine wichtige Rolle. Eine Verbesserung des Bewegungsablaufs in der bewussten intensiven Vorstellung soll eine Verbesserung des späteren tatsächlich ausgeführten Bewegungsablaufs bewirken. Die erzielte Wirkung hängt davon ab, wie lebhaft die Vorstellung gelingt, das heißt, wie gut es gelingt, sich in die Bewegung hineinzuversetzen und die inneren Prozesse nachzuempfinden.

Die Balance von Atem und Bewegung : der Schlüssel zu Kraft und Ausdauer

Atem und Bewegung sind ganz eng verknüpft. Über die äußere Bewegung kannst du gezielt die Atmung anregen. Im Chi Gong und im Tai Chi Chuan findest du wunderschöne Übungen, wie Inneres und Äußeres, Atmung und Bewegung in eine harmonische Einheit münden. Wenn du eine Stunde lang am Strand entlang oder über Felder, Wiesen oder durch den Wald wanderst, wirst du bei genauerem Hinspüren merken, wie sich Schrittfolgen und Atemrhythmus von selbst aufeinander einstimmen, sich synchronisieren und damit eine gute Harmonie bilden. Die richtige Atmung kann auch Leistungspotenziale und Wohlbefinden steigern. Bei vielen alten afrikanischen und asiatischen Stämmen im Busch finden wir rhythmische Gesänge bei der Arbeit, bei Ritualen, immer in Abstimmung zur Bewegung. In früheren Zeiten waren auch in unserer Kultur unter Handwerkern die Handwerksgesänge bekannt und beliebt. Im Militär findet man nach wie vor Drills in Form lauter Schreie oder rhythmischer Verse in Abstimmung auf die Bewegung. Diese Form von Abrichtungsdrills sind jedoch zu hinterfragen. Mit dem Gesang oder rhythmischen Tönen wird die Ausatmung forciert, die Lungen können sich tiefer entleeren und damit im Einatmen noch effektiver Sauerstoff aufnehmen, ebenso wird die bewegende Kraftübertragung im Ausatmen verstärkt, z.B. beim Karate und Kung Fu u.a.

Wenn die Atembewegung mit der äußeren Muskelbewegung synchronisiert ist, erlebst du tiefe Harmonie, Kraft und Ausdauer. Du fühlst dich sicher, ganz und eins mit dir selbst. Du bist dann im „Flow".

Erfrischende Atembalance (EAB)

Ausführlich auf den S. 55-57. In dieser sehr wirkungsvollen Übung lernst du schnell und leicht, Atem und Bewegung aufeinander abzustimmen.

Atemzüge und Schritte zählen

Bei einer Wanderung, einem Walking, Spaziergang oder auch beim Joggen. Im Einatmen machen Sie 4 Schritte, anschl. während des Ausatmens 4 Schritte. Wenn das spielend leicht geht, steigern nach zwei Minuten nun auf 5 Schritte im Ein- und Ausatmen. Versuche weiter zu steigern auf 7 bis auf 10 und länger. Du wirst merken, dass du irgendwann an deine Grenzen stößt. Finde dabei heraus, welche Phase dir leichter fällt, ob deine Ausatmung länger oder deine Einatmung länger reicht. Finde heraus, bei welcher Schrittzahl deine beste Atembalance liegt. Je besser deine Kondition wird, desto größer wird auch das Atemvolumen.

Ein gleichmäßiger Spaziergang oder Wanderung, ein gleichmäßiges Joggen bringen auch unbewusst Atem und Bewegung in eine gute Balance.

Weitere Anregungen für diesen Bereich

Qigong

bedeutet „Die Kunst, die eigene Lebenskraft zu nähren". Dieses Übungssystem aus dem chinesischen Kulturkreis, das sich bereits seit mehr als 4000 Jahren bewährt. Beständiges Arbeiten und Forschen während dieser langen Zeit haben es heute zu einem der umfangreichsten Bewegungswissenschaften gemacht. Qi Gong unterscheidet sich von anderen therapeutischen, gesunderhaltenden und sportlichen Übungen durch besondere Charakteristika. Der Begriff "Qi Gong" gibt schon grob den Inhalt dieser gesunderhaltenden und therapeutischen Übungen wieder. "Qi" bezeichnet die Energie des Organismus, womit die Gesamtheit der physiologischen Funktionen gemeint ist. Das "Qi" wird nach der TCM (traditionell chinesischen Medizin) als Antriebskraft aller physiologischen Abläufe betrachtet. Eine derartige Methode ist umfassend und dient der "Selbstvitalisierung", "Selbstwiederherstellung", "Selbstregulierung" und dem "Selbstaufbau". Hieraus wird verständlich, dass Qi Gong zur Vorbeugung und Therapie von Krankheiten, zur Gesunderhaltung und Kräftigung sowie zur Vermeidung eines frühzeitigen Alterns eingesetzt werden kann. "Gong" bezeichnet die "Arbeit" des Übenden, d.h. "Qi Gong" ist eine Methode, bei der der Mensch selbst aktiv wird und bei der er seinen Körper und Geist zur Gesunderhaltung und Heilung trainiert.

Tai Chi Chuan

entspringt dem chinesischen Kulturkreis. Es wurde ca. im 11. Jahrhundert ent-wickelt und stellt eine Erweiterung des Qi Gong Systems dar. Diese Bereicherung resultiert aus dem Zusammenführen von Qi Gong und den bis dahin aus gesundheitlichen und selbsterhaltenden Gründen praktizierten Kung Fu Bewegungen. Tai Chi Chuan wurde in Europa unter dem Begriff „Schattenboxen" bekannt. Dieser Begriff gibt den Ablauf der Übungen gut wieder, denn einige Übungen sehen dem Kampf mit einem unsichtbaren Gegner ähnlich. Durch das Aneinanderreihen dieser, so neu entstandenen Bewegungen, bekamen die Übungen des Qi Gong einen wesentlich expandierenderen Charakter, wodurch ein ver-stärkter und effizienterer Einsatz möglich wurde. Heute erlernen wir Tai Chi Chuan wegen seiner körperlichen und geistigen Bewegungseigenschaften, wie Ruhe, Entspannung, Gesundheit und Selbstvertrauen. Es ist eine Abfolge von langsamen fließenden Bewegungen, die auch Atemübungen einbeziehen. Muskulatur und Gelenke werden besser durchblutet. Der Begriff des Tai Chi Chuan charakterisiert die Vollendung der ganzheitlichen Bewegung "Das Höchste Letzte".

Anhang Teil 3

Übungs- und Kontrollbögen
Über den Autor
Anliegen des Autors
Weitere Produkte, Bücher
Vorankündigungen
Literaturliste
Bildnachweise

Nimm dir jetzt Zeit für die Übungen.
Werte die Übungen aus.
Denn damit verstärkst du deinen Lernerfolg!

Führe Tagebuch bei Anwendung der Übungen oder nutze die folgenden Auswertungsbögen. Nicht alle Übungen sind erfasst. Darum steht am Ende auch ein allgemeiner Auswertungsbogen, in den du jeweils die Übung oben eintragen kannst. Bitte kopiere diese Bögen bei Bedarf. Gerne kannst du auch deinen eigenen Kontrollbogen entwickeln.

Täglich 2 bis 3 x 4 Min: Erfrischende Atembalance(EAB)

	jeweilige Dauer	Befinden vor der Übung *vorher 2 Min. Atem-/Bodyscan*	
Montag morgens mittags abends			
Dienstag morgens mittags abends			
Mittwoch morgens mittags abends			
Donnerstag morgens mittags abends			
Freitag morgens mittags abends			
Samstag morgens mittags abends			
Sonntag morgens mittags abends			
Essenz	*Gesamtzeit Übungen*	*insgesamt vor den Übungen*	

Erkenntnisse aus dieser Woche : _____

_____

Übung S. 55

Befinden nach der Übung *In Ruhe Nachspüren: 2 Min. Atem-/Bodyscan*	Persönliche Erfahrungen/ Wirkungen	Wert 1 - 10
insgesamt nach den Übungen	*Essenz - Aussage - Wirkprinzip*	*Durch-schnitt*

2 - 3 x wöchentlich 15-60 Min Druckpunktarbeit/Bälle/Rücken

	jeweilige Dauer	Befinden vor der Übung *vorher 2 Min. Atem-/Bodyscan*	
Montag morgens mittags abends			
Dienstag morgens mittags abends			
Mittwoch morgens mittags abends			
Donnerstag morgens mittags abends			
Freitag morgens mittags abends			
Samstag morgens mittags abends			
Sonntag morgens mittags abends			
Essenz	*Gesamtzeit* *Übungen*	*insgesamt vor den Übungen*	

Erkenntnisse aus dieser Woche : _____

_____

Übung S. 133

Befinden nach der Übung *In Ruhe Nachspüren: 2 Min. Atem-/Bodyscan*	Persönliche Erfahrungen/ Wirkungen	Wert 1 - 10
insgesamt nach den Übungen	*Essenz - Aussage - Wirkprinzip*	*Durch- schnitt*

2 - 3 x täglich 4 - 7 Min. Dehnen und Atem/Bodyscan

	jeweilige Dauer	Befinden vor der Übung *vorher 2 Min. Atem-/Bodyscan*	
Montag morgens mittags abends			
Dienstag morgens mittags abends			
Mittwoch morgens mittags abends			
Donnerstag morgens mittags abends			
Freitag morgens mittags abends			
Samstag morgens mittags abends			
Sonntag morgens mittags abends			
Essenz	*Gesamtzeit Übungen*	*insgesamt vor den Übungen*	

Erkenntnisse aus dieser Woche : _____

_____

Übung S. 44

Befinden nach der Übung *In Ruhe Nachspüren: 2 Min. Atem-/Bodyscan*	Persönliche Erfahrungen/ Wirkungen	Wert 1 - 10
insgesamt nach den Übungen	*Essenz - Aussage - Wirkprinzip*	*Durch-schnitt*

2 - 5 x wöchentlich 10 - 15 Min. Übungen zur Bauchatmung

	jeweilige Dauer	Befinden vor der Übung *vorher 2 Min. Atem-/Bodyscan*	
Montag morgens mittags abends			
Dienstag morgens mittags abends			
Mittwoch morgens mittags abends			
Donnerstag morgens mittags abends			
Freitag morgens mittags abends			
Samstag morgens mittags abends			
Sonntag morgens mittags abends			
Essenz	*Gesamtzeit Übungen*	*insgesamt vor den Übungen*	

Erkenntnisse aus dieser Woche : _____

_____

Übung S. 113

Wertangaben Befinden: 1 = sehr schlecht bis 10= optimal

Befinden nach der Übung *In Ruhe Nachspüren: 2 Min. Atem-/Bodyscan*	Persönliche Erfahrungen/ Wirkungen	Wert 1 - 10
insgesamt nach den Übungen	*Essenz - Aussage - Wirkprinzip*	*Durch-schnitt*

Übung:

ausgewählte Übung hier eintragen

	jeweilige Dauer	Befinden vor der Übung *vorher 2 Min. Atem-/Bodyscan*	
Montag morgens mittags abends			
Dienstag morgens mittags abends			
Mittwoch morgens mittags abends			
Donnerstag morgens mittags abends			
Freitag morgens mittags abends			
Samstag morgens mittags abends			
Sonntag morgens mittags abends			
Essenz	*Gesamtzeit Übungen*	*insgesamt vor den Übungen*	

Erkenntnisse aus dieser Woche : _____

Übung S.

Befinden nach der Übung *In Ruhe Nachspüren: 2 Min. Atem-/Bodyscan*	Persönliche Erfahrungen/ Wirkungen	Wert 1 - 10
insgesamt nach den Übungen	*Essenz - Aussage - Wirkprinzip*	*Durch- schnitt*

Bernd Trusheim

Jahrgang 1952. Dipl.-Päd., Changebegleiter, Coach, Atempädagoge, Atemtrainer, Fachbuchautor. Ich hatte das Glück, in den achtziger Jahren Schüler der bereits verstorbenen Atempionierin Ilse Middendorf (Der Erfahrbare Atem) sein zu dürfen. Seit 1983 bin ich als Weiterbildner, Referent, Dozent zu Themen der Gesundheitsvorsorge, Körpererfahrung, Körpertherapie, Körpersprache, Körperkompetenzen, Stressmanagement in eigener Praxis sowie für Institutionen und der freien Wirtschaft tätig. Zusätzlich konnte ich neben diversen Fortbildungen wichtige berufliche Erfahrungen in einer mehrjährigen Vollzeitarbeit in der Psychiatrie sammeln. Meine Startvoraussetzungen ins Leben waren leider nicht sehr günstig. Es findet sich kein glatter oder gerader Lebens"lauf". Sind nicht die „Umwege" genau die Wege, manchmal auch „Schleuder-Gänge", die eigene Wahrheit, die eigene Geschichte und sein Wesen zu erkennen? Aus meiner Lebenserfahrung bieten Grenzerfahrungen und „Durchlebnisse", so schwer sie auch sein mögen, in einer achtsamen und annehmenden Lebensweise die große Chance zur wirklich wahren Selbstheilung. In Liebe und Dankbarkeit möchte ich andere Menschen ein Stück begleiten, mutig ihren Weg zu finden und zu gehen.

Du atmest – du lebst!

In der Mitte deines Seins befindet sich deine Atmung – die wichtigste Lebensfunktion. Und sie hängt mit Allem zusammen: mit Bewegung, Entspannung, Stimme, Gefühlen, Denken, Nahrung, Stoffwechsel, Kreislauf, Klima, Hormonen, u.v.m. Atem ist Leben. Die Atmung ist die wichtigste Lebensfunktion. Mit ihr kannst du deinen Körper, deine Gefühle, deinen Geist besser kennenlernen und steuern.

Atmen Sie sich frei!

Irgendwie, irgendwo, irgendwann hast du in deinem Leben das Gefühl von Freiheit erlebt. In der Zwischenzeit hat sich in deinem Leben viel angesammelt – in deinem Denken, in deinen Gefühlen, in deinem Körper. Was davon ist wertvoll und für deinen Wesenskern und deiner Berufung befreiend? Was willst du an Ballast aus der Vergangenheit loslassen und entsorgen, um wieder präsent in der Gegenwart zu leben? Oft wissen wir es nicht genau, aber unbewusst spüren wir, ahnen wir, dass wir endlich wirklich etwas ändern müssen. Aber was und wie? Was wir ändern sollten und wollen, das ist bei einem großen Leidensdruck in einer kurzen Phase klaren Bewusstseins meistens relativ gut definierbar. Aber wie ändern wir das? Das ständige Nachdenken und Grübeln darüber, das sich wiederum nur aus alten Gedanken aus der Vergangenheit und Zukunft nährt, bringt meistens gar keinen Erfolg. Du kennst das: man dreht sich im Kreise. Und Du hast vielleicht auch irgendwo gelesen, dass man seine Probleme nicht mit den Gedanken aus dem Gestern, mit dem alten Bewusstsein, das diese Probleme geschaffen hat, lösen kann. Es erfordert eine neuronale Neuvernetzung. Also beginne doch einmal am ganz anderen Ende, dort, wo du mit deinem alten Denken vielleicht gar keine Lösung vermutest. Fange an in das JETZT zu kommen. Der beste Anker dazu ist dein Körper mit seinen Sinnen. Er ist tatsächlich, ein Fakt, hier, jetzt begreifbar und fühlbar. Er ist Wirklichkeit. Er besteht nicht aus Gedanken. Und in deinem Körper bewegt sich unaufhörlich dein Lebensatem. Ich lade dich ein, gemeinsam immer wieder die Routine deines bisherigen Daseins und Handelns zu unterbrechen: jetzt etwas anderes zu tun. Sich hinzusetzen und bewusst zu atmen. Ich gebe dir daneben Hintergrundinformationen, um das, was du in praktischen Übungen tust, tiefer zu verstehen. Dein Einlassen, Dein Mitmachen und deine anschließende Erfolgskontrolle in ein Tagebuch- und in Auswertungsbögen sind entscheidend, wertvolle Erkenntnisse und Verbesserungenauf körperlicher, seelischer und geistiger Ebene zu erzielen – dich frei zu atmen.

Dein Körper behält alle Sinne für dich bereit

Du hast nur diesen einen Körper in diesem Leben. Nutze und bewohne ihn! Er gibt dir die Möglichkeit, am Leben teilzunehmen, verschiedene Orte und Menschen aufzusuchen, dich zu berühren, Sinneseindrücke zu erleben, Dinge zu bewegen und zu erschaffen, unmittelbare Erfahrungen zu machen etc. Der Körper ist ein wundervolles Geschenk, mit dem du diese Welt im „Hier und Jetzt" erleben und genießen können. Deshalb ist dein Körper der beste Freund deines Lebens. Wenn du deinen Körper besser zu spüren und zu lesen lernst, wirst du ihn immer mehr genauso lieben, wie er ist. Ob er die eine oder andere Unperfektheit hat, ist nicht wirklich wichtig, um dich an der Schönheit des Lebens teilnehmen zu lassen. Du hast den Körper nicht bekommen, um ständig mit ihm unzufrieden zu sein. Du hast ihn, um durch dein Leben zu reisen. Am Ende wird er ohnehin zurückbleiben wie ein Kreuzfahrtschiff nach einer wundervollen Reise. Damit du weiterhin intensiv und liebevoll mit deinem Körper durch dieses Leben reisen kannst, habe ich dieses Buch geschrieben. Mein Ziel ist es, dass du deinen Körper noch tiefer und besser kennenlernst, so, wie ein Kapitän auch sein Schiff und seine Mannschaft genau kennen muss, um es sicher durch alle Stürme lenken zu können. Das erfordert eine gute Ausbildung und viele Praxiserfahrungen. Die wenigsten Menschen kennen ihren Körper wirklich. Es gibt außer Sport in der Schule nichts, wo Grundlagen und Erfahrungen für den Körper vermittelt werden, z.B. Sinnestraining, Geschmackstraining, Entspannungstraining, Stressmanagement durch Erdungstraining, ganzheitliche Bewegungsschulung z.B. fernöstliche Techniken, Ernährungslehre einschl. selbständiges Kochen, Nahrungskunde, Rückenenergetik und -Rücksichtstraining, Meditation – wie man den eigenen Geist erforscht, Atemtraining, Glückstraining, Gesundheitsvorsorge, etc.. Ohne all diese wichtigen „existenziellen" Grunderfahrungen werden die meisten Menschen angeblich erwachsen und steuern ihren Köper per Autopilot – ohne ein wirkliches Bewusstsein von ihrem Körper. Vielleicht noch checkheftgepflegt, bei denen Ärzte, Heilpraktiker, Therapeuten, Apotheker, Medien, digitale Diktatoren in Form von digitalen Vermessungsarmbändern und Apps viele Vorgaben machen, sie ständig aufzusuchen. Damit wächst die gesundheitliche und finanzielle Abhängigkeit von anderen – eigene Sinne, Instinkte und Intuition hingegen verkümmern. Wie können aber Menschen einen Sinn im Leben finden, wenn sie ihre eignen Sinne nicht mehr richtig gebrauchen können?

Sinne gebrauchen, um Sinn zu finden

Sie wissen heute so viel über die Welt. Tagtäglich wirst du mit Tausenden von Informationen überschüttet. Der mediale Informationsverdichtungswahn kennt keine Grenzen mehr und bewirkt zunehmend das Gegenteil. Du kannst die Informationen gar nicht mehr sinnhaft verarbeiten. Sie berühren nicht mehr deine Existenz. Das Wissen bleibt somit abstrakt und äußerlich, es verändert sich nicht. Es ist ein Haufen unnützer Informationen, ähnlich dem kollektiven digitalen Datensammlungs- und Vermessungswahn auf verschiedenen Datenträgern. Was macht das in deinem Kopf und in deinen Gedanken? Wo leerst du deinen Informationsmülleimer im Kopf? Wo und wie?

Das, was wir bisher versäumt haben, ist die Kultivierung eines „existentiellen" Wissens, eines Erfahrungswissens von uns selbst.

Ein Wissen, was für unsere Existenz sinnhaft gebraucht und sinnvoll verarbeitet werden kann. Zum Beispiel unsere Nahrung, wie sie entsteht, wie man sie anbaut, zubereitet und wie sie auf unseren Organismus wirkt. Oder die Erfahrung, unseren Körper viel tiefer und besser kennenzulernen, Körperkompetenzen zu entwickeln wie Rücksichtskompetenz, Atemkompetenz, Erdungskompetenz, Achtsamkeitskompetenz, Bewegungskompetenz, Nahrungskompetenz. Solche „Erlebnisse" sind begreifbar, spürbar, weil hier unsere Sinne trainiert werden.

Sinn kannst du nur finden, wenn du deine Sinne gebrauchst.
Nur die Sinne sind dein wirklicher Navigator durch dieses Leben,
und das schon seit Jahrmillionen menschlicher Evolution.

Sind die Menschen von Sinnen?

Nichts ist im Verstand, was nicht vorher auch in den Sinnen war. Der Sinn- und Werteverlust in unserer globalisierten turbokapitalistischen digitalen Informations- und Automationsgesellschaft ist verheerend. Es ist eine „Kultur"entstanden, darauf ausgerichtet, uns abzurichten, unsere Sinne zu manipulieren und sie degenerieren zu lassen. <u>Damit verlieren wir unser wichtigstes Steuer- und Handlungsinstrument.</u> Wir überlassen es wenigen Konzernen und Politikern, die diktatorisch über alle Mittel verfügen, Politik und Wirtschaft zu bestimmen, die letzten noch verbliebenen Ressourcen der Erde zu plündern, Menschen, Tiere, Staaten zu ruinieren und unseren Planeten vollkommen zu zerstören. Seit Jahrtausenden versuchen Staat, Kirchen und Politik immer wieder sehr erfolgreich eigene Sinneserfahrungen und Sinnfindung zu blockieren. Heute ist es die Wirtschafmacht weiniger Banken und Konzerne sowie immer mehr Politiker, die ihre Seele verkauft haben. Wer von Sinnen ist, weiß nicht mehr, was er tut. Er ist wahnsinnig. Denn nichts ist im Verstand, was nicht vorher auch in den Sinnen war. Jede Zeitepoche hat ihren Sinn. Doch wer erkennt diesen Sinn? Ich bin davon überzeugt:

Nur die Rückbesinnung auf und die Wiederherstellung
unserer Sinne und Instinkte wird sinnstiftend auf Mensch, Tier, Umwelt wirken.

Bis diese Erkenntnis kommt, werden wir leider noch viel mehr Chaos in dieser Welt erleben müssen als bisher, insbesondere den Niedergang unseres Plantet und ihrer Kulturen . Denn wer seine Sinne gebraucht und Sinn findet, ist nicht mehr nutz- und manipulierbar für Politiker, für Wirtschaft, für Rattenfänger von extremen Parteien und fanatischen Religionsrichtungen.

„Auch wenn ich wüsste, dass morgen die Welt zugrunde geht,
würde ich heute noch einen Apfelbaum pflanzen."
Martin Luther

Wo und wie kannst du persönlich damit beginnen? Es gibt viele Wege. Jetzt zum Beispiel liest du gerade dieses Buch. Du machst einen Anfang. Du wirst nicht nur lesen, sondern gleichzeitig praktizieren, d.h. du erlebst etwas mit deinen Sinnen. Du begibst dich in eine „Erfahrung". Für diese Erfahrung brauchst du etwas Zeit, Übung, Konzentration und auch Willenskraft. Bist du wirklich bereit, neue Erfahrungen zu machen und deinen Horizont erweitern zu wollen? Dann lade ich dich herzlich ein, zu beginnen. Es ist ein sinnlicher Weg durch und mit deinen Körper. Eine zentrale Bedeutung hat dabei die Atmung. Der Atem strömt in und durch Ihren Körper bis hin zu den kleinsten Körperzellen. Meist unbewusst. Und er reagiert auf alles. Ich werde an vielen Stellen das Licht anknipsen. Du wirst entdecken, wie du durch bewusste Atmung zu einer neuen Atmungs, Erdungs-, Bauch-, Rückgrat-, Achtsamkeits- und Bewegungskompetenz findest. Dieses bisher unbewusste Kraftreservoir wirst du anschließend im Alltag besser nutzen. Du wirst wacher, klarer, mental und körperlich präsenter. Und das macht Sinn, weil du dein Sinnspektrum erweiterst und entsprechend nutzt.

Weitere Angebote

Fortbildungen

Bücher

CDs

2019 Gesamtwerk 343 Seiten 19,99 EUR ISBN 9 783741 241109
als Ebook nur 6,99 EUR ISBN-13: 9783750462892

Weitere Bücher von Bernd Trusheim

2020   64 Seiten **4,99 EUR** ISBN 9 783751 932240
als Ebook **nur 2,99 EUR** ISBN:978-3-7519-2946-2

von 1996

nicht mehr lieferbar

2018 **252 Seiten 9,99 EUR** ISBN 9 783752 830644

Alle Bücher im freien Buchhandel oder online bestellbar.

Gerne auch online direkt bei **www.bod.de** Verlag, durch den
die Bücher erstellt wurden.

Bewusstsein entwickeln

2021 100 Seiten 6,99 EUR
ISBN 9 783754 337578

2021 152 Seiten 6,99 EUR
ISBN 9 783754 321485
*Sehr gut als Tagebuch
zum direkten Reinschreiben
zu nutzen*

Bewusstsein entwickeln

BEAP

Bewusstseinserweiternder Atemprozess

Bernd Trusheim

CD

Erhältlich ab Dezember 2024

oder Download

BEAP Wirkungen

Der BEAP hilft Ihnen dabei

- sich zu erden, Boden unter den Füßen zu gewinnen
- sich schneller und tiefer zu entspannen
- gedankliche Ruhe, Zentrierung und Übersicht zu gewinnen
- Heilungsprozesse günstig zu beeinflussen
- viele kreative neue Potenziale und die Leichtigkeit des Seins zu entdecken
- unverarbeitete Erlebnisse und unbewusste Persönlichkeitsanteile wirksam zu integrieren
- wichtige Probleme gelassener, souverän und selbstbewusst zu lösen
- Entscheidungen in tiefer Klarheit zu treffen
- besser und bewusst zu atmen
- Körperimpulse, Körperwahrnehmung und Körpersprache zu verbessern
- sich im Hier und Jetzt, in die Gegenwart einzubinden und zu fühlen
- mehr Achtsamkeit im Alltag zu gewinnen
- mehr Kraft, Energie, Präsenz und Vitalität aufzubauen
- sich selbst anzunehmen und mit sich ins Reine zu kommen
- mehr Resilienz zu entwickeln
- mehr Selbstverantwortung und Selbststeuerung zu gewinnen
- mehr Selbstvertrauen und Selbstbehauptungsfähigkeit aufzubauen
- mehr Mitgefühl zu sich selbst und anderen zu entwickeln
- Herzensliebe zu spüren
- Dankbarkeit zu fühlen und zu zeigen
- langwierige Dramaturgien aufzulösen
- individuelle persönliche All-Eins-Erfahrungen zu machen, unabhängig von Religionen und Dogmen, zu erleben und zu genießen
- gewünschte Veränderungen ergebnisorientiert einzuleiten und umzusetzen

Weitere Informationen
www.atemtrainer.de
www.berndtrusheim.de

Weitere Informationen

www.atemtrainer.de

www.berndtrusheim.de

Viele Tutorials auch zu finden

in youtube Bernd Trusheim

Persönliche Anfragen:

office (mailzeichen) berndtrusheim.de

Alle Bücher im freien Buchhandel oder online bestellbar.

Gerne auch online direkt bei **www.bod.de** Verlag, durch den
die Bücher erstellt wurden.

Literaturliste:

Gesund durch Meditation, Jon Kabat-Zinn, O.W. Barth, München 2011

Richtig atmen- gesünder leben, Bernd Trusheim, Copress Sport 1996

Atme dich frei, Bernd Trusheim, Gesamtwerk 344 Seiten, BoD 2019

Atme dich frei - 10 Minuten, die veräandern, Bernd Trusheim, Bod 2020

The WAY- Dein Tag Dein Leben Dein Buch, Bernd Trusheim, BoD 2021

THE WAY Trainingsbuch, Bernd Trusheim, BoD 2022

Dein Erkenntnis- und Entwicklungstagebuch, Bernd Trusheim, BoD 2018

Meditation – beginnt jetzt genau hier, Steve Hagen, Windpferd, Obersdorf 2010

Meditation für Skeptiker, Ulrich Ott, O. W. Barth, 2010

Vor Freude tanzen, vor Jammer halb in Stücke gehn, Hadassa K. Moscovici, Luchterhand 1989

Die menschliche Bewegung, Dore Jacobs, Aloys Henn Verlag 1977

Hara, Karlfried Graf Dürckheim, Otto Wilhelm Barth Verlag 1997

Bewusstheit durch Bewegung, Moshe Feldenkrais, suhrkamp 1967

Richtig atmen – gesünder leben, Bernd Trusheim, Copress Sport 1996

Der Erfahrbare Atem, Ilse Middendorf, Junfermann 1984

Atmen und leben, John Selby, rororo1987

Atemheilkunst, Ludwig Schmitt, Humata Verlag 1966

Die große Kraft des Atems, Andre van Lysebeth, O.W.Barth 1985

Die Weisheit des Körpers, Heiko Ernst, Piper 1993

Anatomie, Text und Atlas, Herbert Lippert, Urban & Schwarzenberg, 1979

Atemschulung als Element der Psychotherapie, Lucy Heyer-Grote, Wissenschaftliche Buchgesellschaft 1970

Informationsportal im Internet www.gehirn.info

Das Tao des Atmens, Dennis Lewis, Arsiton1997

Eutonie, Gerda Alexander, Kösel- Verlag 1976

Krankheit als Weg, Thorwald Dethlefsen, Bertelsmann 1987

Körperbewusstsein, Ken Dychtwald, Synthesis Verlag 1981

Darm mit Charme, Giulia Enders, Ullstein 2015

Relax, Lockstein / Faust, GU 2004

Balance, Uschka Pittroff, GU 2007

JETZT – die Kraft der Gegenwart, Eckart Tolle, Kamphausen 2000

GEO 09/2009 Das geheime Lippenbekenntnis

GEO 2004, Das Verlangen nach Berührung

Dem Leben entfremdet. Warum wir wieder lernen müssen, zu empfinden

Arno Gruen, Klett-Cotta 2013

Die 7 Schleier vor der Wahrheit, Ruediger Schache, Goldmann 2011

Spüre die Welt. Die Wissenschaft des Bewußtseins, Tor Nørretranders, rororo 1997

CD, Das Geheimnis meines Spiegelpartners: Die Beziehung als Weg zur inneren Befreiung, Rüdiger Schachem Ansata Verlag 2013

Hörbücher: Das Buch der Menschlichkeit / Das Herz der Liebe, Dalai Lama

Das Wunder der Dankbarkeit, Manfred Mohr, Gräfe und Unzer 2012

The costs of back pain in Germany, Christina Wenig, Carsten Schmidt, Thomas Kohlmann, Bernd Schweikert., European Journal of Pain 2008

Wie der Bauch dem Kopf beim Denken hilft: Die Kraft der Intuition, Bas Kast, 2009

Denken mit dem Bauch, Burkhard G. Busch, Kösel 2002

Michael Balint (Angstlust und Regression, Rowohlt TB, Reinbek 1972

EGO, Frank Schirrmacher, Blessing 2013

Das einfache Leben- Vom Glück des Wenigen, John Lane

Lebendig im Atem, Selbsterfahrung und Therapie durch Atemarbeit, Ruth Rufer, 1995

Ballengang- Rückenschmerzen und Haltungsschäden vorbeugen- Wissenswertes über das natürliche Gehen, Peter Greb, KOHA 2014

Der grosse Bio-Schmäh, Clemens G. Arvay, Überreuter 2012

Friss oder stirb, Clemns G. Arvay, Ecowin Verlag 2013

Politik des Essens, Harald Lemke, transkript Verlag 2012

Das Wunder der Dankbarkeit, Manfred Mohr, Gräfe und Unzer2012

Die geheimen Verführer, Vance Packard, Econ-Verlag, 1958

Vom Schmerz befreit, Peter A. Levine / Maggie Philipps, Kösel 2012

Focusing, Eugene t. Gendlin, Reinbek 1998

Zeit. Was sie mit uns macht und was wir aus ihr machen, Rüdiger Safranski, 2015

CD: TAM- Transformative Atemmediation, Peter A. Schröter + Doris Christinger

CD: Die Weisheit des Herzen, Sergio Bambaren, Steinbach sprechende Bücher 2014

CD: Quantum Light Breath Vol. 3, Jeru Kabbal

Geburt, Tod und Transzendenz, Stanislav Grof, Kösel 1990

Befreiung vom Überfluss: Auf dem Weg in die Postwachstumsökonomie, Niko Paech, Oekom 2012

Die analoge Revolution, Christian Schägerl, Riemann 2015

Krishnamurti, diverse Bücher, ebenso Vorträge auf youtube

Integrale Lebenspraxis, Ken Wilber, Kösel 2010

Der Atem der Erde, Dokumentarfilm, John Capener/Alfred/Vendl/Steve Nicolls, 2016

Fotos, Bildnachweise, Zeichnungen: